香取一昭 Katori Kazuaki
大川恒 Okawa Kou

ホールシステム・アプローチ
による新たな場づくり

俊敏な組織をつくる10のステップ

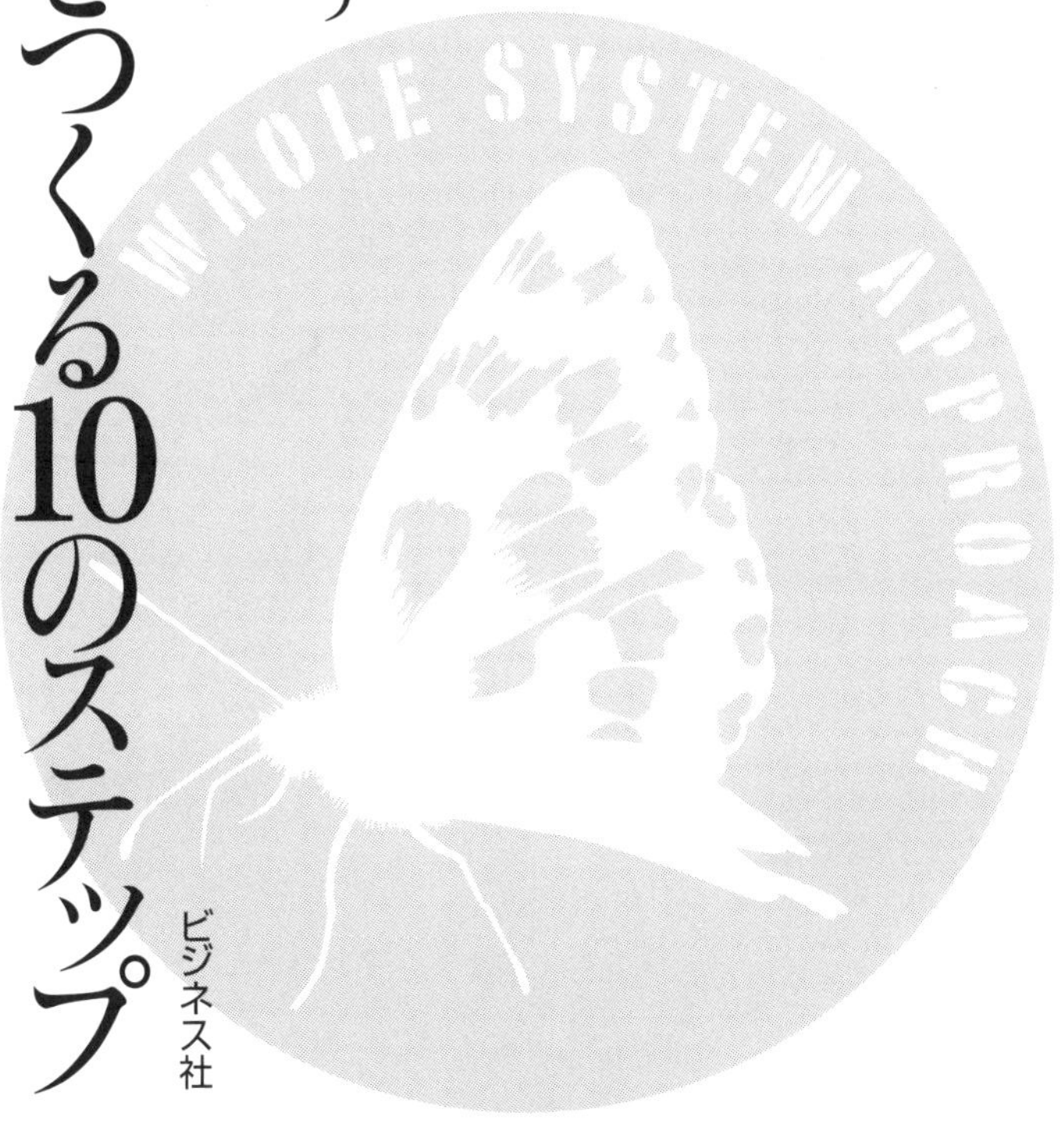

ビジネス社

はじめに

リーマンショック後の経済的混乱が日本を襲っていた２００９年に、私たちは『決めない会議』を書きました。当時の状況を私たちは転換期ゆえの混乱であると感じていました。それまでのやり方が通用しなくなるパラダイム転換の時だと考えたのです。

そして、新しい時代に適応し成功する組織に転換するための会議のあり方を「決めない会議」と呼んで、その特徴について解説しました。

あれから3年、今度は東日本大震災という未曾有の悲劇に襲われて、私たちは再び大きな時代の変化を痛感しています。

この本はホールシステム・アプローチというアメリカ生まれの会議手法の解説書でしたが、私たちが忘れつつある日本的なものを思い出させると感じてくださった方も多かったようです。それは私たちが忘れてしまった日本的な考え方が、アメリカ経由で再輸入されたからだと考えることができるのかもしれません。

また、ホールシステム・アプローチを単なる会議の手法として取り上げるのではなく、組織変革プロセスとの関係を踏まえて、解説してほしいという要望もいただきました。そこで、今回は内容を組織変革プロセスの視点から加筆修正して出版することにしました。

前著を書いた頃は、「ホールシステム・アプローチ」という言葉があまり広く使われていなかったので、「決めない会議」という言い方をしました。しかし、その後『ホールシステム・アプローチ』（香取一昭・大川恒著　日本経済新聞出版社）という本を発表したこともあり、今ではあまり抵抗なく受け入れられるようになったと判断して、今回は「ホールシステム・アプローチ」という表現を全面に出すことにしました。

「決めない会議」という言葉は、「決める会議」との対比で述べることにより、失われてしまった日本的経営の良さを取り戻したいという想いも込められていました。そこで本論に入る前に「決めない会議」と「決める会議」との関係について述べることにより、ホールシステム・アプローチ（決めない会議）がなぜ今求められているのかを理解していただければと存じます。

最近、さまざまな組織で会議がうまく機能していないという問題が指摘されています。会議を運営するためのスキルやノウハウを教えるセミナーや研修プログラムが、これまでに数多く開発され実施されてきました。ファシリテーションという機能やファシリテーターという役割についても広く知られるようになり、そのための研修も開催されています。

それにもかかわらず会議がうまくいかないのはなぜなのでしょうか？

それは短時間に具体的な結論や合意を得ようとして急ぎすぎるあまり、ファシリテーターがプロセスや参加者の行動や発言をコントロールしすぎたり、民主主義と多数決を混同したりしているからではないかと思われます。

これに対して、最近注目され始めている会議の進め方に、ワールド・カフェや、OST（オープンスペース・テクノロジー）、フューチャーサーチ、AI（アプリシエイティブ・インクワイアリ）などの手法があります。これらは総称して「ホールシステム・アプローチ」と呼ばれています。

これらの会議の特徴は、無理に結論を出そうとしたり、結果を出すことに最初からこだわってはいないところにあります。むしろ話し合いの質やプロセスに気を配り、参加者同士の関係の質を向上させることを大切にしているのです。

これまでの会議のあり方を「決める会議（決めようとする会議）」だとするならば、今注目されている会議のあり方は「決めない会議（決めようとしなくても決まってしまう会議）」だと言えます。

たとえば最近、私（香取）はこんな経験をしました。あるソフトウエア会社の社長さんが社員と一緒に会社のビジョンを考えたいのでワークショップを企画してほしいと依頼してきました。そこでワールド・カフェやOST（オープンスペース・テクノロジー）などホールシステム・アプローチの手法を活用したワークショップを提案しました。その際、「このワークショップの結果としてどのような成果が得られるかは、実際にやってみないとわかりませんが、それでもよろしいですか?」とお聞きしたのです。すると、「社員と率直な意見交換をしたいので、結果にはこだわりません」と言ってくださいました。

そこで無理やり結論を出さなくてもよいようにワークショップをデザインさせていただきました。その結果、1泊2日の合宿が終わる時までに、具体的なアクション項目とそれを実施に移すための検討チームが自発的に結成されたのです。社長さんからは「予想を上回る成果が出たので満足している」という感謝のメールを頂戴しました。

このように「決めない会議」では、決めようとしなくても結果として決まってしまうということがよくあります。

しかし私たちは「決める会議」がまったく必要ないのだと主張するつもりはありません。厳しい競争社会の中で、企業活動を成功に導くためには、時にはスピードと効率性の追求が必要になります。目の前に迫る危機に対処するためには、トップの英断によって迅速に意思決定しなければならないこともしばしばあるでしょう。そんな時にのんびりと決めない会議による話し合いをやっていたのでは企業の存続が危うくなってしまいます。しかし、トップや一部の企画スタッフだけで、社員が真に望んでいることを無視して方針を決めて

ハイブリッド型組織

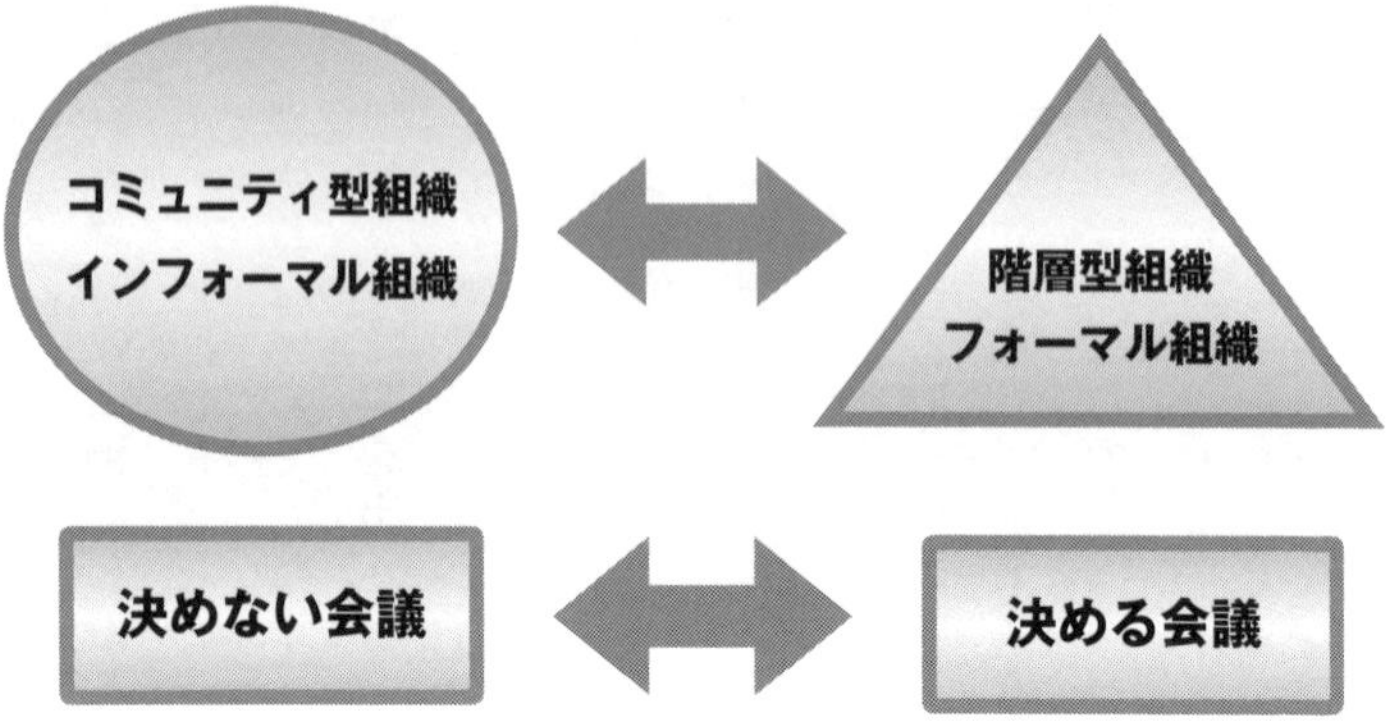

しまったら、どうなるでしょうか？　そうした場合、社員は目的も知らされないまま、意に沿わない行動を強いられることになるのですから十分な力を発揮してもらうことは期待できません。

このように「決める会議」と「決めない会議」とはともに大切な役割を果たすわけで、どちらか一方だけでよいということではありません。

「決める会議」と「決めない会議」を、企業経営の視点から見ると「階層型組織」と「コミュニティ型組織」、「フォーマルな組織」と「インフォーマルな組織」とに対応していると言ってもよいでしょう。これらはいずれも企業経営にとって不可欠な仕組みであり、これらをともに機能させる「ハイブリッド型組織」が求められているのです（6ページ図参照）。

考えてみれば、「日本型経営」として欧米の企業から注目された特徴には、根回しやアフターファイヴの「ノミニケーション」に代表される緊密なコミュニケーションとコンセンサス経営がありました。

そして、そのためこれまでの日本企業は、意思決定に至るまでの時間がかかりすぎるという批判を受けることもありました。しかし、十分なコミュニケーションがとられているので、一度意思決定がなされると、実施は非常に迅速かつスムーズに行われました。このことは意思決定は迅速だが、実施は遅いという欧米企業の特徴と好対照をなしていたわけです。

しかし、その後の日本企業はスピードと効率を最優先する欧米型の経営手法を取り入れてきたために、いつの間にか社内にあったインフォーマルな関係や、コミュニティ的な人間関係が崩壊してしまったのではないでしょうか？

今、私たちは失われたコミュニティ的な関係やインフォーマルなコミュニケーションを企業の中で復活させなければなりません。

「決めない会議（ホールシステム・アプローチ）」を活用することは、そのための第一歩となるのです。

もくじ

はじめに　2

〈序章〉ホールシステム・アプローチによる組織変革

◉リーダーの悩み、部下の悩み　18
◉組織は機械ではない、生命体なのだ　21
◉アジャイル（俊敏）な組織が求められている　24
◉組織変革の標準プロセス　26
◉標準プロセスと各手法の関係　32
◉アジャイル（俊敏）な組織になるための10のポイント　36

〈第1章〉ポジティブな発想でテーマを設定する
～言葉が未来を創造する～

◉探求テーマをポジティブに表現する 40
◉ギャップ・アプローチとの違い 41
◉コンテンツ、プロセス、コンテキストの関係 44
◉ポジティブな問いが良質の対話を生み出す 47

〈第2章〉マイクロコズム（小宇宙）を作る
～多様な関係者を巻き込む～

◉相互依存関係が広がっている 52
◉変革チームだけが変わっても、組織全体は変わらない 55
◉多様な関係者を入れてマイクロコズム（小宇宙）を作る 57

〈第3章〉安全な場を確保する
～関係の質を高める～
◉安全な場とはどういうことなのか？ 62
◉なぜ、安全な場が必要なのか？ 63
◉誰が安全な場を作るのか？ 66
◉どうしたら安全な場が作れるのか？ 70
◉安全な場は、一時的に混乱を生み出す 71
〈第4章〉もてなしの空間を演出する
～コーヒーブレイクの効用を会議に活かす～
◉コーヒーブレイクの効用とは？ 74
◉コーヒーブレイクから生まれたワールド・カフェ 75

◉なぜ、コーヒーブレイクなのか 77
◉もてなしの空間をどう作るか 78
◉もてなしの空間作りの例 80

〈第5章〉オープンに話し、オープンに聴く

～対話（ダイアログ）力を高める～

◉ダイアログとは？ 86
◉ディスカッションとはどう違うのか？ 88
◉オープンに話す 91
◉オープンに聴く 93
◉ダイアログで心がけたいこと 95
◉社交の場から生成的会話の場へ 97

〈第6章〉ストーリーテリングで強みと可能性を引き出す
～背景情報を共有する～
◉活力のある企業からはストーリー（物語）が流れてくる 102
◉インタビューとリストーリー 104
◉ストーリーテリングは未来を作るエネルギーを生む 106
◉正直な感情をストーリーに込める 110
◉ストーリーテリングでバリューを伝える 112

〈第7章〉共有する価値や目的を発見する
～違いを超えて共通するものに気づく～
◉なぜ、皆、ばらばらなのか？ 116
◉ばらばらなようで、つながっている 117

◉ビジョン・ガテマラの物語 119
◉俺たちハツカネズミみたいだ 120
◉ホールシステム・アプローチでは、こうして共通価値を発見している 122

〈第8章〉右脳を働かせて、ありたい姿をイメージする
～未来が出現する～

◉ロジカルシンキングだけでは、未来は描けない 126
◉五感を総動員して未来を描く 127
◉右脳を働かせるさまざまな方法とは？ 129
◉右脳でイメージしたものを言語化する 131

〈第9章〉自律的なプロセスがアクションを生み出す
～主体性を発揮する～
◉自主的に参加する 134
◉「自分ごと」として取り組む 136
◉自律的に会議を運営する 138
◉手作り感を大切にする 140

〈第10章〉決めようとしなくても決まる
～自己組織化のエネルギーを信じる～
◉組織は生命体である 144
◉コントロールしようとするとうまくいかない 145
◉コントロールを手放す 148

◉決めようとしていないのに、結果として決まってしまう 149

〈付章〉ホールシステム・アプローチの実践事例

1. 意識改革・行動改革・風土改革により企業文化を創造する
エム・ユー・フロンティア債権回収株式会社（MUFR）のケース 153
2. ワールド・カフェによる市民同士の対話の実践
埼玉県宮代町役場のケース 172
3. 石材業界のサプライチェーンにおける各プレイヤーによる
ワールド・カフェ
ストーンマン・カフェのケース 192
4. 地域住民が持続的に管理できるシステムの確立を目指して
JICAセネガル国マングローブ管理の
持続性強化プロジェクトのケース 208

特別巻末

ホールシステム・アプローチのさまざまな方法
～4つの実践の仕組み～ 227
ワールド・カフェ 232
OST（オープンスペース・テクノロジー） 238
AI（アプリシエイティブ・インクワイアリ） 242
フューチャーサーチ 246

あとがき

256

序章

ホールシステム・アプローチによる組織変革

リーダーの悩み、部下の悩み

最近では多くの企業の経営幹部がこれまでのやり方ではうまくいかなくなったと感じているようです。

目まぐるしく変わる環境の中で企業が直面している課題はますます複雑化し、社員の意識と行動も大きく変わりつつあります。ですから、これまでの成功体験に基づいて組織を動かそうとしてもうまくいかないのは当然のことなのです。

そうしたリーダーがよく口にするのは「社員は指示したことはきちっとやるが、自分から率先して新しいことにチャレンジしようとしない。『指示待ち族』が増えて困っている」ということです。しかし、社員に聞いてみると「提案しても受け入れてくれないではないか?」という答えが返ってきます。

リーダーと部下の間にあるこうした溝は社内におけるコミュニケーションにおいても顕著に見られます。

たとえばトップやリーダーは次のような不満を漏らしています。

◇社員が何を考えているのかわからなくて困っている
◇会議で自由な発言を求めても誰も発言しない
◇部下に話しかけても返事さえしてもらえないことがある
◇「無理だ」とか「できない」といったネガティブな雰囲気が蔓延《まんえん》していて、建設的な話し合いがしにくい
◇せっかく会議で決めても、決めたことがなかなか実行されない

一方、社員は別の不満を抱いているようです。

◇上司や偉い人だけが発言していて、一般社員は発言をはばかられる雰囲気がある
◇声の大きな人や上席者の意見だけが採用されているように感じている
◇会議を開催する前に「落しどころ」があらかじめ決められているのでシラケてしまう
◇一方的に方針を伝えるための会議が多すぎる

ところで、企業経営者の頭を悩ませているのは社内コミュニケーションの問題だけではありません。企業経営者からは次のような悩みも聞こえてきます。

◇新しいことを考えようとしても、問題や難しさばかりが見えてくる
◇問題をつぶしてもまた新しい問題が出てくる
◇いくら考えても新しいアイデアが出てこない
◇会議を開いても出てくるのはありきたりのアイデアばかりだ
◇新しいプロジェクトを考えても、できない理由ばかりが気になってしまう

こうした問題は、組織を取り巻く環境が複雑性を増して、これまでのやり方が通用しなくなっているにもかかわらず、リーダーが組織運営についての古い考え方から脱却できていないでいるからなのです。

組織は機械ではない、生命体なのだ

世界各国でリーダーシップ開発プロジェクトを推進しているベルカナ・インスティチュートの創始者であるマーガレット・ウィートリーは、２００５年のペガサス・カンファレンスでキーノート・スピーカーとして登場し、リーダーシップについて次のような神話が支配していると警告を発しました。

◇リーダーが答えを持っている
◇人は言われたことをやる
◇恐れは効果的なモチベーションとなる
◇スピードを上げれば生産性も向上する
◇行動は進歩と同義である
◇参加は非生産性をもたらす
◇数字のみが現実である

◇リスクが高い時は、コントロールを強めなければならない

こうした考え方の背景にあるのは、人や組織をあたかも機械のように見る世界観なのです。人や組織を機械のように扱うことは、近代的、科学的なマネジメント思想の根幹にあるものであり、スピードと効率を重視して利益の最大化を図る上では極めて効果的だったといえます。

しかし、それが行きすぎると、人間的なつながりを断ち切り、人々を分断して、やる気を失わせてしまいます。そしてそのことが、自由闊達《かったつ》な組織風土を阻害し、イノベーションの起こりにくい状況を生み出しているのです。

そこで最近では、組織を機械のようなものとして理解するのではなく、生命体として捉え直そうとする考え方が広がりつつあります。

学習する組織という経営思想を提唱したＭＩＴのピーター・センゲは、組織を機械として見る見方と、生命体として見る見方の違いについて23ページの図表のように説明しています。

組織を機械と見る見方と生命体と見る見方の違い

	機械として見ると	生命体として見ると
所有者	誰かに所有されている	自分自身が所有者である
目的	機械を作った人が考える目的のために存在する	自分自身の内在的な目的を持っている
誰が作るのか	外部の人が作る	自分自身の内的プロセスによって自らを作る
行動	マネジメントによって与えられる目標や意思決定に対する反応として行動が取られる	自らの目的を達成するために自律的に行動する
メンバーの性格	メンバーは従業員、「人的資源」であり使われる存在である	メンバーは働く人々のコミュニティに属している
誰が変化させるか	静的で固定的である。誰かが変えることによって変わる	自然と進化する

出典：Arie de Geous “The Living Company” 1997に掲載されているPeter Sengeによる序文より作成

アジャイル（俊敏）な組織が求められている

こうした中で、これまでの考え方から脱却して新しい経営のあり方を模索する動きが出始めています。そうした企業が目指すのは、状況変化に迅速に対応することのできる「アジャイル（俊敏）な組織」です。

変化の少ない時代には、しっかりとした司令塔と整備されたマニュアルがあれば統制の取れた組織運営が可能です。しかし、複雑性が増して変化のスピードが速くなると、さまざまな状況の中で臨機応変な素早い意思決定と行動が必要になります。

そうした時には、中央の司令塔とマニュアルだけでは迅速な行動は取れません。なぜなら、マニュアルには盛り込まれてはいない状況に対処しなければならず、いちいちトップの判断を仰いでいたのでは仕事にならないからです。

急激な変化の時代に求められるのは、「自分たちは何者なのか？　何のために存在しているのか？」という問いに答える「ミッション」や、「自分たちは何を目指しているのか」についての「ビジョン」、そして「それを実現するために大切にすべき価値」としての「バリュー」について組織の構成員全員が共通の理解を持っていることです。そしてそれに応えるのがホールシステム・アプローチによる組織変革なのです。

そうした「アジャイル（俊敏）な組織」は次のような特徴を備えています。

◇組織の階層や部門の違いを超えた密接な社内コミュニケーションを維持している
◇多様なものの見方や意見を尊重し、自由活発な意見交換を行っている
◇組織が何を実現したいのか、そのために何が大切なのかを、全員が共有している
◇外発的動機（「何々をすべきである」）ではなく、内発的動機（「何々を実現したい」）を大切にしている
◇問題点ではなく、可能性に焦点を当てている
◇対話を通じて価値を共有している

組織変革の標準プロセス

「ホールシステム・アプローチ」とは、検討すべき課題に関するすべての関係者を集めて、共通の課題や目指したい未来などについて話し合う大規模な会話の手法の総称です。その代表的手法には、ＡＩ（アプリシエイティブ・インクワイアリ）、フューチャーサーチ、ワールド・カフェ、ＯＳＴ（オープンスペース・テクノロジー）などがあります（詳細は「特別巻末」参照）。

ホールシステム・アプローチの手法を活用した組織変革プロセスでは、トップや企画スタッフなどが戦略を策定して、その他の社員はそれに従って実行するのではありません。組織の構成員全員がさまざまな形での話し合いに参加して、自分たちの想いを共有し、その実現に向けて力を合わせるというプロセスを踏みます。

ホールシステム・アプローチ組織変革の標準的なプロセスは27ページに示す通りです。

ホールシステム・アプローチによる組織変革の標準的プロセス

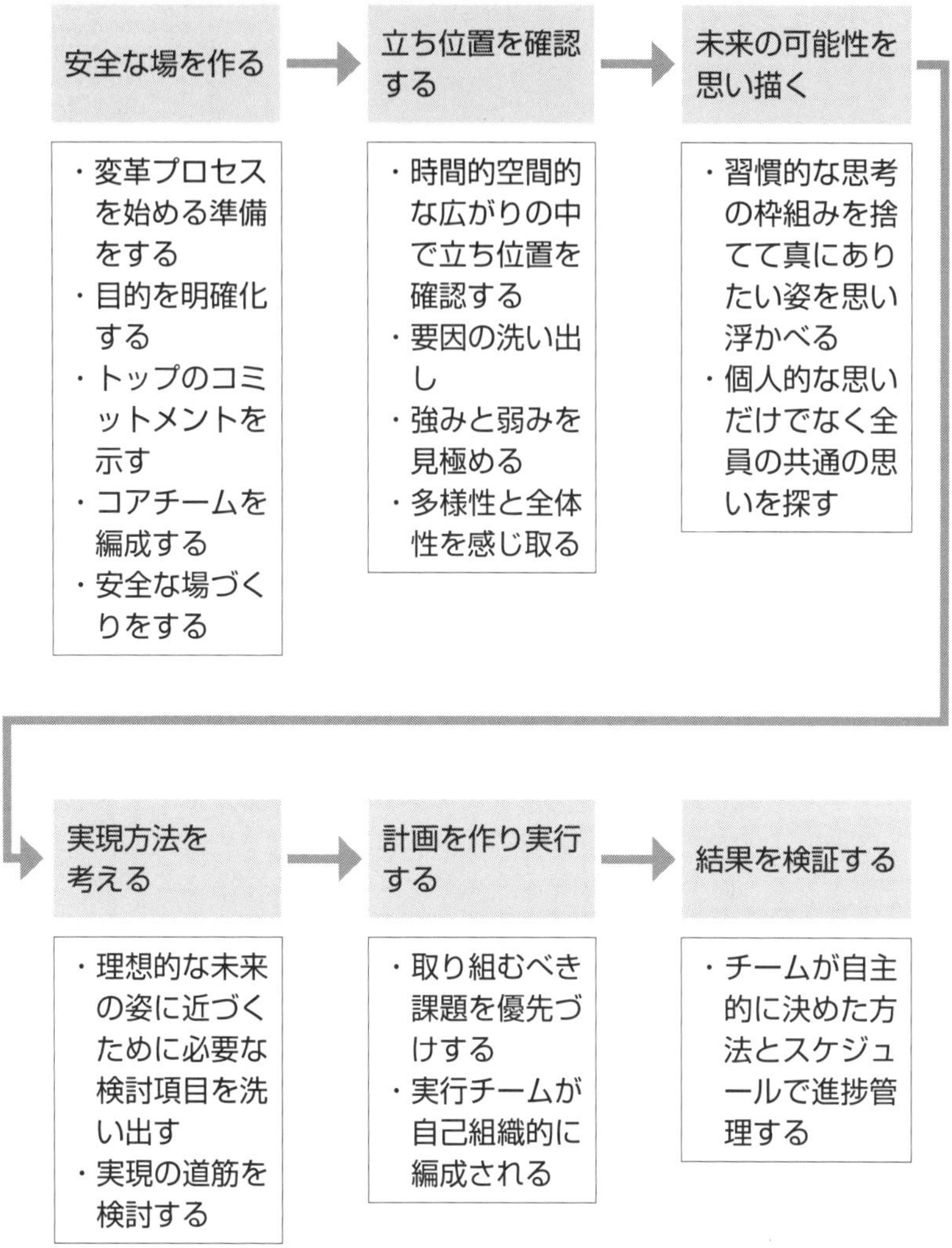
安全な場を作る
・変革プロセスを始める準備をする
・目的を明確化する
・トップのコミットメントを示す
・コアチームを編成する
・安全な場づくりをする
立ち位置を確認する
・時間的空間的な広がりの中で立ち位置を確認する
・要因の洗い出し
・強みと弱みを見極める
・多様性と全体性を感じ取る
未来の可能性を思い描く
・習慣的な思考の枠組みを捨てて真にありたい姿を思い浮かべる
・個人的な思いだけでなく全員の共通の思いを探す
実現方法を考える
・理想的な未来の姿に近づくために必要な検討項目を洗い出す
・実現の道筋を検討する
計画を作り実行する
・取り組むべき課題を優先づけする
・実行チームが自己組織的に編成される
結果を検証する
・チームが自主的に決めた方法とスケジュールで進捗管理する

⑴ 安全な場を確保する

ホールシステム・アプローチを活用した組織変革を始めるに当たっては、いくつかやっておかねばならないことがあります。

その一つは、どんな組織を実現したいのかを明確化することです。同じくホールシステム・アプローチによる組織変革を目指していても、それぞれの組織が置かれている状況によって、その目指す組織の具体的なイメージは違っているからです。

第二は、トップがコミットメントを示すことです。ホールシステム・アプローチによる組織変革は全員参加によるプロセスですので、組織のトップによるコミットメントは極めて重要です。

第三は、変革を推進するコア・チームの編成です。コア・チームはさまざまな部門や組織階層を含むメンバーから構成されていることが望まれます。

そして最後に、自由に意見を述べても不利益を被ることがないと感じられる安全な場を作ることです。安全な場づくりについては第4章で詳しく説明しますが、具体的にはダイアログという話し合いのやり方を組織におけるコミュニケーションの基盤として根づかせることです。

(2) 立ち位置を確認する

ホールシステム・アプローチは、未来の可能性を思い描き、その実現方法を考え行動を起こすためのプロセスです。そのための重要なステップがこの「立ち位置を確認する」作業です。

この段階で行われる作業には次のようなものがあります。

◇さまざまなステークホルダーごとに過去の年表を作成することにより、時間的空間的な広がりの中で自分たちの立ち位置を確認する
◇現状および将来に影響を与えると思われる要因の洗い出し
◇これまでの経験を振り返り個人や組織の強みや大切にしている価値観などを見極める
◇多様性と全体性を感じ取る

(3) 未来の可能性を思い描く

組織の構成員全員が願う理想的な未来の姿を思い描き共有するステップです。

その際、来年とか再来年といった短期的な未来ではなく、10年後、20年後といった長期的な未来を思い描くことにより、現状のしがらみに制約されない真のありたい姿を思い浮

かべることができます。

この作業を行うに当たっては、習慣的な思考の枠組みを捨てて自由な発想で考えることが大切です。

（4）実現方法を考える

理想的な未来を実現するための道筋を検討します。そして取り組むべき検討項目の相互関係や優先順位などを考えます。

このための具体的な方法の例としては次があります。

◇「挑戦的宣言文」（組織が理想とする状態を実現するためにどうありたいのか、また何をしたいと熱望しているのかを記述したもの）を作成する

◇ありたい姿を実現するための施策をバランス・スコアカードなどを使って整理する

（5）計画を作り実行する

実現のための具体的なプロジェクトが提案され、情熱を持っているメンバーが集まってプロジェクト・チームが編成され実行段階に入ります。

プロジェクト・チームは、そのテーマに情熱と責任を持って参加するメンバーによって構成されることが基本です。

そうした自主的・自発的チームを生み出すプロセスが組み込まれていることもホールシステム・アプローチの特徴だといえます。

(6) 結果を検証する

プロジェクトの進捗《しんちょく》は、トップや企画スタッフなどが管理するのではなく、プロジェクト・チームが決めた方法とタイミングで自主的に行われます。

この段階で管理部門などが従来からの発想での「進捗管理」をしてしまうと、それまで積み上げてきた自己組織的取り組みが台無しになってしまうので注意が必要です。

標準プロセスと各手法の関係

組織変革の標準的なプロセスとホールシステム・アプローチの各手法との関係を示すと、33ページの図表のようになります。

この図表に示すように、ＡＩとフューチャーサーチは「立ち位置を確認する」から「計画を立てて実行する」までのすべてのステップをカバーしていますが、ワールド・カフェとＯＳＴはそれぞれが前半と後半のステップに対応しているだけです。このためワールド・カフェとＯＳＴを組み合わせて組織開発のためのワークショップを展開している事例がよく見受けられます。

同様に、ＡＩインタビューとフューチャーサーチのタイムラインを組み合わせたり、タイムラインとワールド・カフェを組み合わせて活用するなど、さまざまな方法が工夫されています。

このように、ホールシステム・アプローチの各手法は単独で使うだけでなく、ホールシステム・アプローチによる組織変革プロセスの流れを理解した上で、その時々の状況に最

組織変革の標準的プロセスと
ホールシステム・アプローチの各種手法の関係

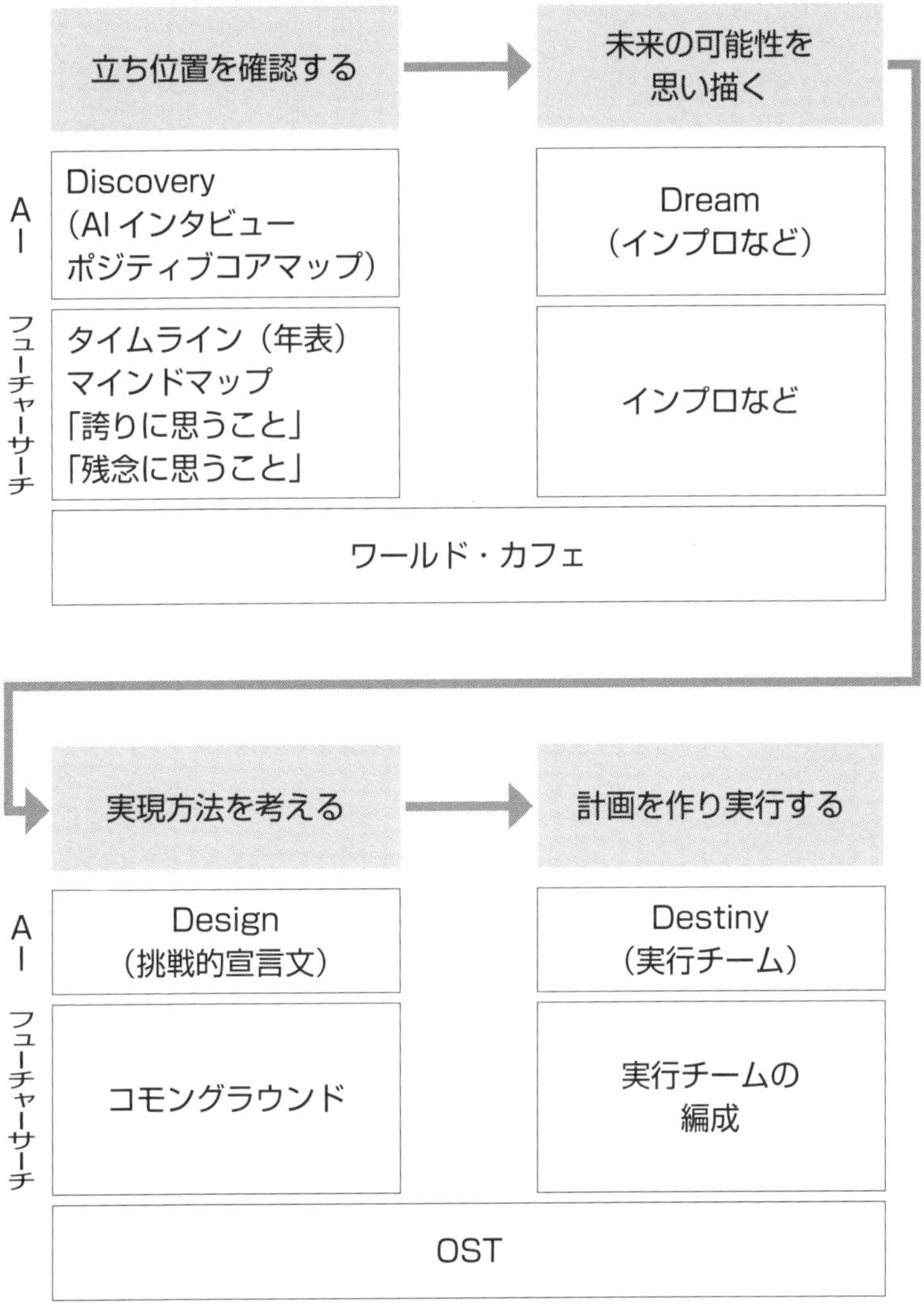

適なアクティビティを組み合わせて展開していくことが望まれます。

ホールシステム・アプローチを活用した組織変革の標準的なプロセスは以上述べた通りで、これを実際に進めていくためには組織の構成員すべてが参加できる工夫が重要です。上記の各ステップが全員参加で行われれば理想ですが、組織の規模や勤務形態などを考えると現実的ではない場合がほとんどです。

そこで文字通り「ホールシステム」の参加を可能にする仕組みが必要になるのです。そのためには次のような方法が行われています（35ページ図表参照）。

(1) コア・チームがトップと現場を結ぶ

変革プロセスを推進するコア・チームを編成します。コア・チームは10～20名程度の小規模なもので、各職場を代表する人で構成されています。そして、コア・チームのメンバーが職場でのミーティングを主宰し、マネジメント・チームとの橋渡しも行いながら組織全体の意見集約を図っていきます。

(2) 大規模ワークショップと小規模ワークショップを組み合わせる

職場単位、地域単位などでの小規模なミーティングやワークショップと、多くの社員が参

「ホールシステム」を参加させる方法

(1) 変革チームがマネジメント・チームと職場を結ぶ

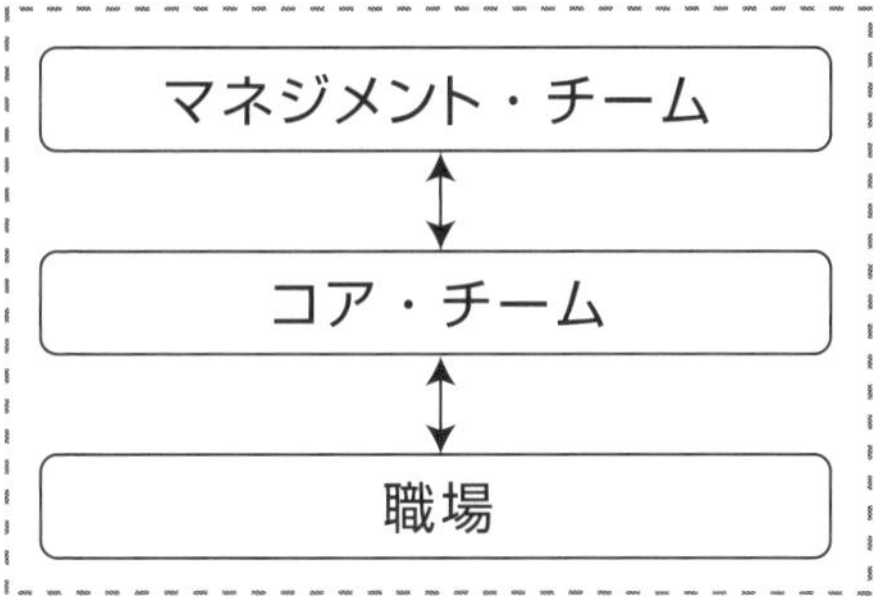

(2) 大規模ワークショップと小規模ワークショップを組み合わせる

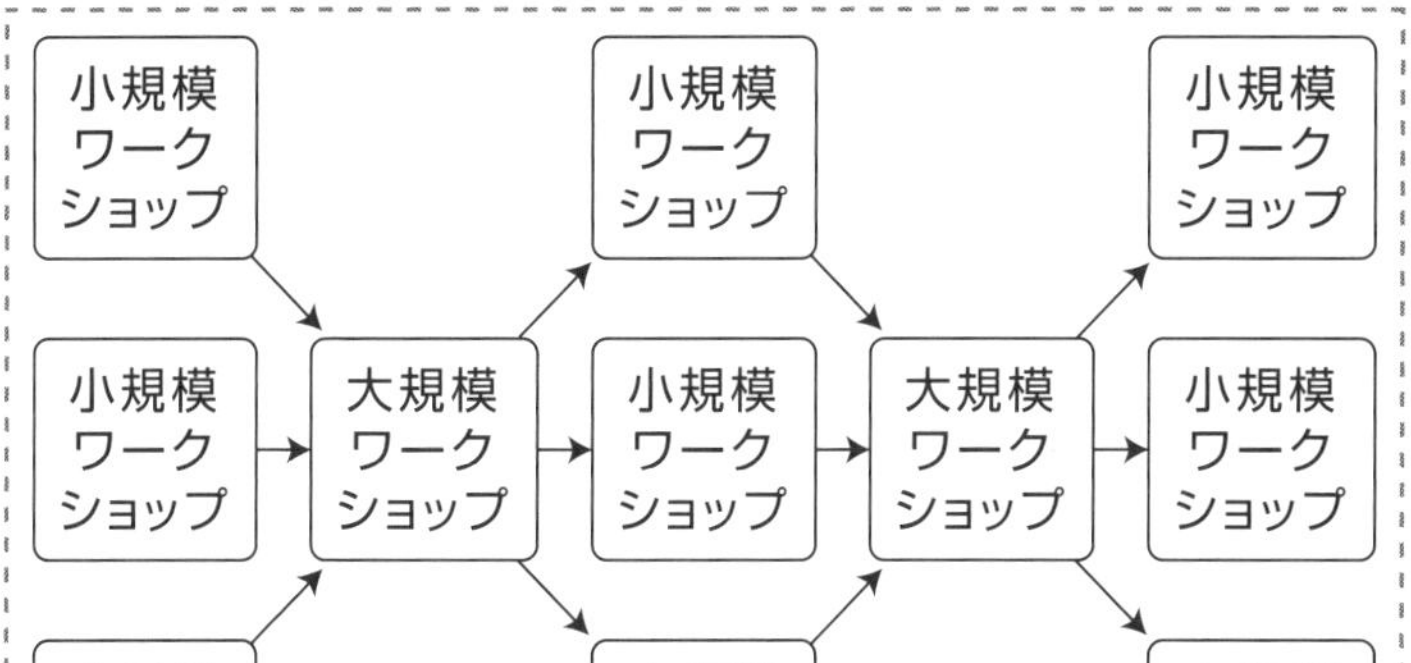

加する全社員ミーティングを組み合わせて、全社員が何らかの形で参加できる仕組みを作ります。

アジャイル（俊敏）な組織になるための10のポイント

ホールシステム・アプローチを活用した組織変革の背景、プロセスについては以上述べた通りです。ホールシステム・アプローチによる組織変革は、標準的なプロセスに沿って複数のワークショップを積み重ねることにより、集合的な意識と行動を変容させていくプロセスだといえます。そこで行われるワークショップは、ホールシステム・アプローチと呼ばれている各種手法のみならず、その他のツールも組み込まれたものになります。

変革プロセスの目的を達成するためには、ホールシステム・アプローチの目指すところをしっかりと理解してプロセスを組み立てることが重要です。そのためのいくつかの視点を挙げると次の10項目になります。

本書では、これら10のポイントについて以下の各章で解説します。

（1）ポジティブな発想でテーマを設定する
（2）マイクロコズム（小宇宙）を作る
（3）安全な場を確保する
（4）もてなしの空間を演出する
（5）オープンに話し、オープンに聴く
（6）ストーリーテリングで強みと可能性を引き出す
（7）共有する価値や目的を発見する
（8）右脳を働かせて、ありたい姿をイメージする
（9）自律的なプロセスがアクションを生み出す
（10）決めようとしなくても決まる

第1章

ポジティブな発想でテーマを設定する

～言葉が未来を創造する～

探求テーマをポジティブに表現する

ホールシステム・アプローチでは、組織変革のテーマやワークショップの目的をポジティブな言葉で表現します。なぜならば、組織変革の取り組みを行った結果どのような状態を実現できるかは、探求テーマや問いをどういう言葉で表現するかによって決まってくると考えるからです。ホールシステム・アプローチの代表的な手法のひとつであるAI（アプリシエイティブ・インクワイアリ）では、これを「言葉が未来を創る」と言い表しています。

このようにポジティブな発想を大切にすることから、ホールシステム・アプローチはしばしば「ポジティブ・アプローチ」とも呼ばれています。

組織変革については、これまで主として「ギャップ・アプローチ」ないし「問題解決アプローチ」と呼ばれる方法がとられてきました。これは、**（1）問題を特定し、（2）その原因を分析して、（3）解決方法を考え、（4）アクション・プランを作る**というものです。

しかし、問題が比較的単純な場合にはこの方法は有効ですが、多くの要因や関係者が相互に絡み合っている複雑な課題を解決するためには必ずしも有効とはいえません。

そこで注目されるようになったのがホールシステム・アプローチです。この方法では問題を特定することから始めるのではなく、**（1）どうありたいかについての肯定的なテーマを設定して、（2）未来の可能性を探求し、（3）それを実現するための方法を検討して、（4）必要な取り組みを始める**というものです。

こうしたホールシステム・アプローチの考え方はポジティブ心理学の影響を受けたものです。ポジティブ心理学では、人間を環境の影響を受けて流されている存在だとは考えません。環境に対して積極的に働きかけていく主体性を持ち、人生を最良なものとしていくために自らの強みを生かして、理想的な未来を描いていく楽観性を持った存在であると考えます。「内的動機」を大切にするのがポジティブ・アプローチの特徴だとも言えます。

ギャップ・アプローチとの違い

これに対して「外的基準」としてのあるべき姿と現実とのギャップを埋めようとするギャップ・アプローチでは、人や組織の欠陥を探すことに力点が置かれがちになり、人や組織の持つみずみずしい生命力を失わせかねない結果となってしまいます。QC活動をやればやるほど職場の雰囲気が暗くなると言われることがあります。それはこうした理由からなのです。

ポジティブなテーマや問いは、人からポジティブなストーリーや言葉を引き出し、お互いにポジティブな相乗効果を生んで、自分たちの意味づけをポジティブなものにしては1人で1人の主体性を高め、共に行動していくことを可能にします。

このように良いことばかりに見えるポジティブ・アプローチ（ホールシステム・アプローチ）ですが、実際にはどうしても問題や欠陥、弱点などに目が向いてしまいます。そして「いいところにばかり注目しても、決定的な欠陥はどうにかしなければならないのではないか？」などという批判にも遭遇します。

ポジティブ・アプローチでも、欠点や問題点などネガティブな側面を無視するわけではありません。しかし、問題や欠点に気づいたときの対処方法が、ギャップ・アプローチの場合とは異なっているのです。それを示しているのが43ページの図表です。

ギャップ・アプローチでは、まず「問題を解決するにはどうしたらよいか？」「欠点や弱点を克服するにはどうすればよいか？」と考えます。そして、その後はすでに述べたような流れで問題の解決を図ろうとします。

問題への対処に関する2つのアプローチ

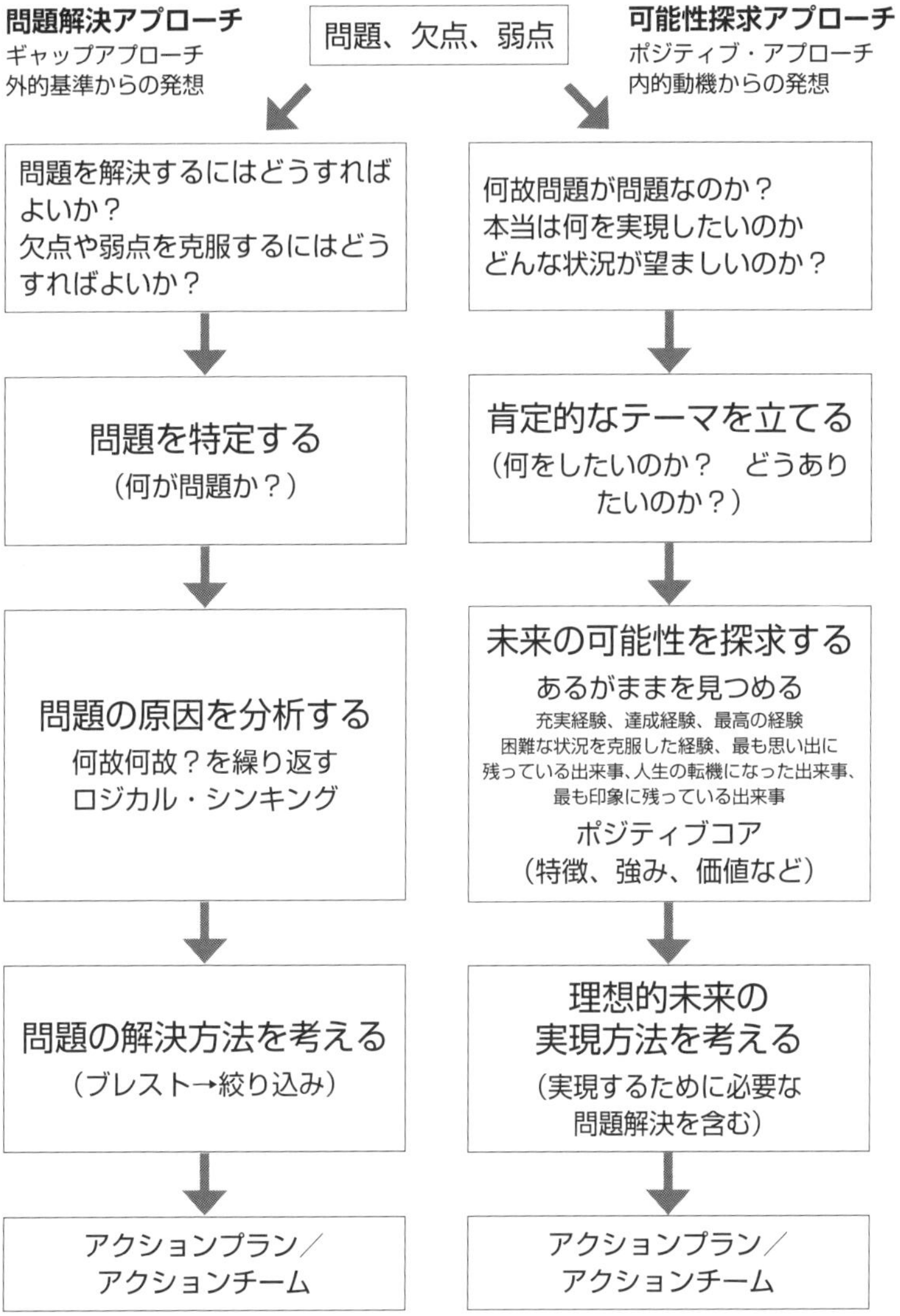
問題、欠点、弱点
問題解決アプローチ
ギャップアプローチ
外的基準からの発想
可能性探求アプローチ
ポジティブ・アプローチ
内的動機からの発想
問題を解決するにはどうすればよいか？
欠点や弱点を克服するにはどうすればよいか？
何故問題が問題なのか？
本当は何を実現したいのか
どんな状況が望ましいのか？
問題を特定する
（何が問題か？）
肯定的なテーマを立てる
（何をしたいのか？　どうありたいのか？）
問題の原因を分析する
何故何故？を繰り返す
ロジカル・シンキング
未来の可能性を探求する
あるがままを見つめる
充実経験、達成経験、最高の経験
困難な状況を克服した経験、最も思い出に残っている出来事、人生の転機になった出来事、最も印象に残っている出来事
ポジティブコア
（特徴、強み、価値など）
問題の解決方法を考える
（ブレスト→絞り込み）
理想的未来の
実現方法を考える
（実現するために必要な問題解決を含む）
アクションプラン／
アクションチーム
アクションプラン／
アクションチーム

これに対してホールシステム・アプローチでは、「なぜ問題が問題なのか？」「本当は何を実現したいのか？」「どんな状況が望ましいのか？」と問いかけるのです。

なぜならば「問題」は単独では存在しないと考えるからなのです。つまり「問題」は現状とは違う「ありたい姿」や「可能性」があるから、それとの関係で「問題」なのだと考えるのです。つまり「問題」と「可能性」はコインの裏表、陰と陽の関係なのです。

ですから「ありたい姿」や「可能性」を実現する方法を探求すれば結果的に問題は解決することになるのだと考えます。

以上、組織変革プロセスを進めるに当たって、ポジティブなテーマを設定することが重要だということについて説明しました。

コンテンツ、プロセス、コンテキストの関係

次に組織変革のための個別のワークショップにおいても、「目的」ないし「問い」をポジティブなものにすることが大切だという点について説明します。

ホールシステム・アプローチによるワークショップを成功させるためには、事前準備を

コンテンツ、プロセス、コンテキストの関係

周到に行う必要があります。事前準備として行わなければならないこととしては、コンテキストの設定とプロセスの設計があります。ワークショップにおける話し合いの内容や質（コンテンツ）は、コンテキストとプロセスに大きく依存しています（45ページ図表参照）。

ここで言うプロセスとは、ワークショップでの話し合いをどのような方法と順序で進めていくのかということです。これについては、ホールシステムのさまざまな方法のうち、いくつかの典型的な手法において、どのようなプロセスが使われているかを特別巻末で紹介することにします。

これに対して、コンテキストは、ワークショップを開催する背景や条件のことを言

います。具体的には①目的、②参加者、③運営上の諸条件の3つの要素が含まれています。

このうち、「目的」とは、何のために、このワークショップを開催するのかということです。目的を明確化するためには、このワークショップを開催することになった現在の状況やニーズは何か、それはなぜ重要なのかということを探求することが必要です。明確な目的を持つことで、プロセスの設計が容易になるのです。

コンテキストの構成要素の2番目は「参加者」です。ワークショップの目的を達成するために、誰を参加者として招待するのかもコンテキストを設定する際の重要な検討課題です。ワークショップが実り豊かな成果を出すためには、多様な視点や具体例、経験を持つ人が参加し、新しい洞察や集合的知性を発揮することが極めて重要です。したがって、目的を達成するために、多様な視点や具体例、経験をもたらしてくれる人を招待する必要があります。独自の視点や多様な事例を提供してくれる人、結果に影響を受ける人にできるかぎり参加してもらうようにしましょう。

3番目の構成要素である「運営上の諸条件」とは、設備、家具、文具、開催場所、時間や予算といったワークショップの運営の諸要素のことです。まずは、会議の目的を達成するためにふさわしい場所を探し、時間と予算を考えながら、設備、家具、文具を考えることは、できるかぎり目的達成をサポートする場を創造するために重要なことです。コンテキストは川の土手のような役割を果たします。土手が築かれていれば、川の水は土手に沿って流れていきます。それと同様に、会議のコンテキストが適切に設定されていれば、会議を開催する目的を逸脱することなく、参加者のエネルギーが一定の方向に向かって流れていくのです。

ポジティブな問いが良質の対話を生み出す

コンテキストの中でも特に重要なことは、ワークショップを開催する目的を明確化することです。何のためにワークショップを開催するのかが決まらなければ、誰に参加してもらうべきかが決められず、日程や場所、プロセスについても設計しようがありません。また、そもそもなぜこのタイミングで実施する必要があるのかについても十分な検討が行われる必要があります。

目的が決まったら、それを問いの形で表現します。どのような問いを立てるかは、ホールシステム・アプローチを成功に導くためにはとても大切なことです。

なぜ問いが大切なのでしょうか？　それは、問いを発することにより、考えるという行為そのものが始まるからです。問いを発することによって人々の探求が始まるのです。ノーベル賞受賞者など、偉大な科学的な発見をした人は、問いを思いついたことが科学的な研究と発見のためのブレークスルーになったと言っています。ホールシステム・アプローチのワークショップを開催するに当たっても、どのような問いを立てるかによって、対話と結果の質が大きく変わってくるのだということを頭に入れておくことが必要になります。

たとえば、ワールド・カフェでは、大切な問い（questions that matter）について話し合うことの重要性が繰り返し強調されています。ＡＩにおける「同時性の原理」では、問い（インクワイアリ）が変化を起こすと考えています。問いを発した瞬間に、発せられた問いの方向に向けて変化が生まれ始めると考えるのです。

問いを考えるに当たっては、次のような観点から検討してみることが必要です。

◆参加者がもっとも関心があるのは何か？
◆一般論ではなく、自分ごととして取り組んでもらえる問いになっているか？
◆大切で、かつ、リアルな課題か？

◆本当に探求したい課題となっているか？
◆その問いを組織として探究して、さらに学びを深め、外部に対する提供価値を高めていく意欲の湧くものになっているか？
◆望ましい未来を創造していく意欲と、参加者の相乗効果を刺激するものとなっているか？

私（香取）が社長をしていたマーケティング企画会社では、毎年新年度が始まる4月に、全社員によるキックオフの大会を開催していました。年度初めですから事業運営方針や事業計画の説明をするのですが、それはできるだけ短い時間ですませて、100名強の全社員でダイアログをすることを恒例としていました。問題は、どのような問いを立てて話し合いをするかです。ある年、「毎朝、わくわくする気持ちで出社できる会社とはどのような会社でしょうか？　また、そうした会社を実現するためには、あなたは何ができますか？」という問いを出したところ、皆がとても楽しそうに、かつ熱心に話し合いをしてくれたのを記憶しています。これは、社員がもっとも関心を持っていて、自分ごととして考えられるテーマだったからなのではないでしょうか。

第2章

マイクロコズム（小宇宙）を作る

～多様な関係者を巻き込む～

相互依存関係が広がっている

今、私たちは個人レベルでも組織レベルでも多様で複雑な相互依存関係のネットワークの中で暮らしています。そして、その相互依存関係は、これまでとは比較にならないほどの広がりを見せています。このことは、東日本大震災やタイの洪水被害の影響によるグローバルなサプライチェーンの寸断や、ヨーロッパの金融不安が及ぼしている影響など、身近な経験からも実感できます。

かつて日本のオフィスは大部屋なので、個室中心の欧米におけるオフィス環境と比べて、情報共有がしやすいのだと言われてきました。なぜならば、大部屋で一緒に仕事をしていれば、仲間が電話で話していることが他の人にも自然と聞こえてくるからなのです。

しかし、こうしたことが可能になるためには、2つの前提がありました。その1つは、電話が重要なコミュニケーション手段として使われていることでした。また第2の前提条件としては、「大部屋」にいる社員、および社員が電話で会話を交わしている取引先だけの範囲でほとんどのビジネスが完結しているということでした。

このうち第1の前提は、電子メールの急速な普及により成り立たなくなってしまいました。そして第2の前提条件も、企業がビジネスを遂行するに当たっての重要な関係者が急速に広がったために、「大部屋で交わされている電話による会話」をモニターするだけでは全体を把握できなくなってしまったのです。

このように相互依存関係が複雑性と広がりを見せているため、企業は自らの意思決定や行動が、他の利害関係者にどのような影響を及ぼすのか、またそのことが、自分たちにどのような形で跳ね返ってくるのかについて十分考えなければならなくなりました。

学習する組織という考え方の中心的な方法論にシステム思考があります。システム思考では、日常的に経験するいくつかの典型的な相互依存関係をシステム原型として提示しています。その中に「共有地の悲劇」というシステム原型があります。このシステム原型では、他人の考えや行動を考慮せずに自分の利益だけを考えて行動すると、それが自分に跳ね返ってくることを示しています。言いかえれば、全体システムを考えずに個別の解決策を実行してもうまくいかないということを私たちに教えているのです。

最近になって企業はCSR(企業の社会的責任)への取り組みを積極的に行うようになってきました。このことは、企業におけるビジネス活動が、従来考えていたよりもはるかに広い範囲のステークホルダーとの相互依存関係の上に成り立っていることを企業が認識

共有地の悲劇

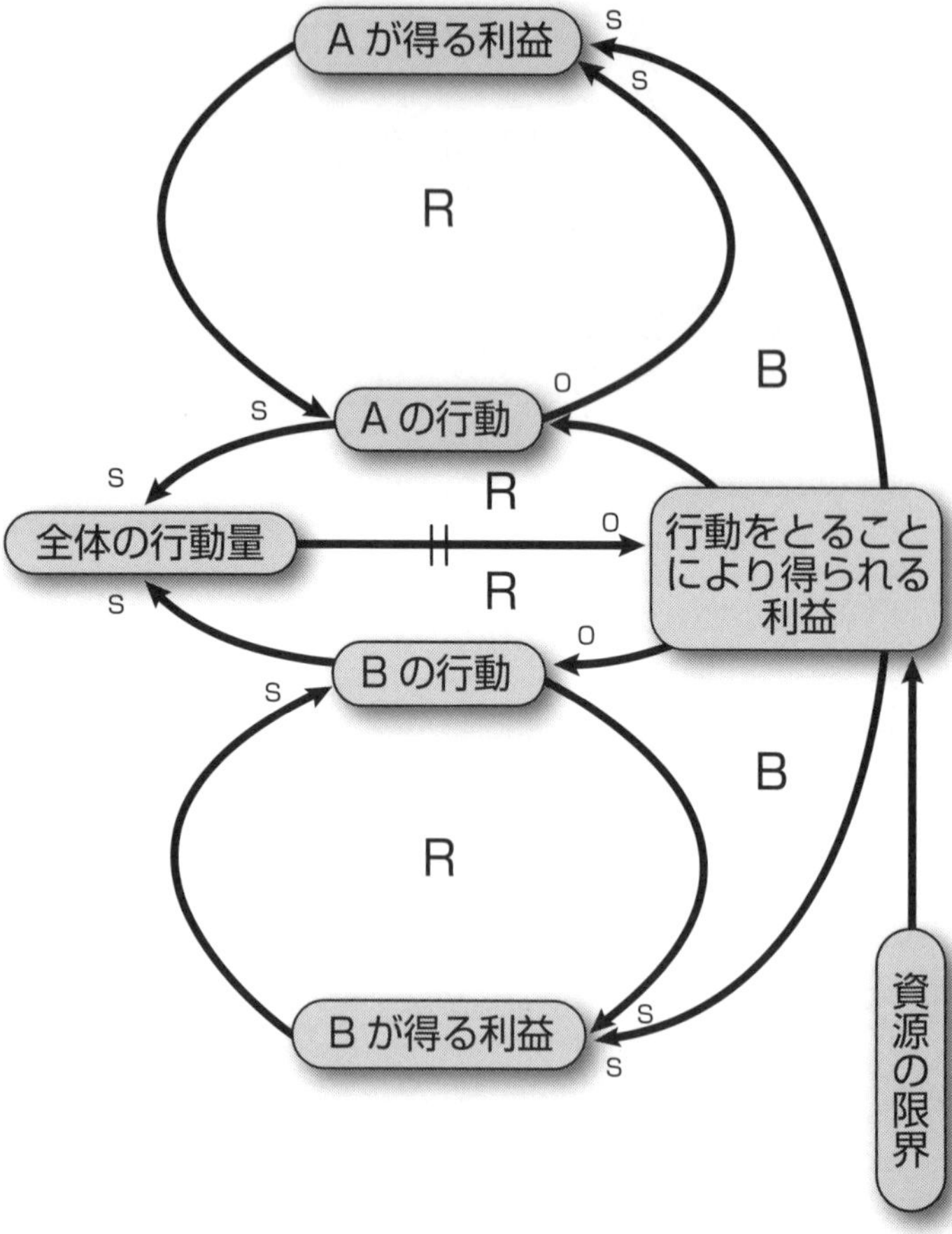

ある限られた資源を複数の人が利用している場合、1人1人が、自分の利益を最大にしようとして資源を使い果たしてしまう。その結果、誰も資源からの恩恵を受けられなくなってしまう。

[注1] “S” は変数が同方向に変化することを示し、“O” は逆方向に変化することを示している。
[注2] “R” は「拡張ループ」（変数が同じ方向に変化し続ける）を示し、“B” は「均衡ループ」（ある変数が変わっても最終的には元に戻る）を示している。

し始めたことを表しています。言いかえればこれからの企業活動では、視野に入れるべき対象システムの範囲を広げていかなければならないことに、企業が気づき始めたのだと言えましょう。

変革チームだけが変わっても、組織全体は変わらない

組織変革を進めているが、どうもうまくいかないという声をよく耳にするようになりました。社外コンサルタントが入り、変革チームが作られて、熱心に変化の必要性を説き、新しいシステムやプロセスを導入しても、一般の社員は「笛吹けど踊らず」の状態で、一向に変革の意識が高まらず具体的な成果も現れないという状態が続いている会社が多いのではないでしょうか？

リーダー主導による変革、専門家によるプロセス中心の変革、小集団活動、ワークアウト、変革チームなどのチーム主導の変革などの変遷を経て、最近では専門家と変革のチームが一緒になってプロセスの変革を目指すチェンジマネジメントが行われています。しかし、変革チームを中心にして変革を進めることの限界も明らかになってきています。

なぜ変革プロジェクトはうまくいかないのでしょうか？

それは、リーダーや変革チームが変わっても組織全体が変わるという保証がないからなのです。また、そもそもこれまでの変革プロセスの考え方においては、リーダーと変革チームと、他の組織メンバーを切り離して考えるというところに問題があるのだとも言えます。リーダーや変革チームだけが考えて、それ以外のメンバーはそれに従えばよいのだという発想があります。しかし、これだとリーダーや変革チームで決めたことがメンバーに強制されているだけになってしまいます。組織の構成員全体とコミュニケーションを図り、皆の思いをリーダーや変革チームのメンバーが十分に理解していなければ、変革チームだけが変わっても全体は変わらないのです。

言いかえれば、リーダーによる変革も、専門家によるプロセス中心の変革も、変革チーム主導の変革もすべて、特定のリーダーや少数の変革チームのメンバーがその他の社員をコントロールしようとしている構図になっています。内発的な動機による変化や行動ではなく、外部からの期待によって動かされているところに問題があるのです。

それでは、どのようにして変革を進めていけばいいのでしょうか？

それは組織を構成するあらゆる階層や立場の人々、および組織を取り巻く多様な関係者の全員に参加してもらう形で変革を進めていくことなのです。このような考え方による変革プロセスを「ホールシステム・アプローチによる組織変革」と言います。「ホールシステム」とは、「システム全体」という意味です。自分が属している部門や会社など、通常対象として考えているシステムの枠を超えて、顧客や取引先、地域コミュニティ、株主、行政などのステークホルダーをも含めた、より大きなシステムを対象として変革を進めていこうとする考え方です。

多様な関係者を入れてマイクロコズム(小宇宙)を作る

「ホールシステム」を対象として変革を進めようとすると、そのための会議にはシステムに関わっている人全員を招かなければならなくなります。しかしそれは現実問題としては不可能です。そこで、システムがどのような種類のステークホルダーから構成されているかを考えて、それぞれのステークホルダー・グループを代表する人ができるだけ多く会議に参加できるようにする方法がとられます。

このようにすべてのステークホルダー・グループを代表する人々を集めた結果できるグループは、全体システムの縮図になっていますので、「マイクロコズム（小宇宙）」と呼ばれます。ホールシステム・アプローチでは、マイクロコズムをいかにして実現するかが成功の鍵になっているのです。

マイクロコズムを作るとは言っても、できるだけ多くの人に参加してほしいということには変わりありません。ですからホールシステム・アプローチでは、参加者の数が多いということが1つの特徴になっています。たとえばある外資系の製薬会社では、全国の営業部員のほぼ全員である1850名が2つのグループに分かれて、主体性、自律性、相互作用を高めるために、2日間のOSTを開催しました。また、開港150周年を迎えて市民参加による新たなブランディングを目指す横浜市は、2009年5月に1000名規模のワールド・カフェを企画しました。

ホールシステムの参加を大切にするという考え方をもっとも厳しく貫こうとしているのが「フューチャーサーチ」というワークショップの手法です。フューチャーサーチの創始者の1人で、2007年に来日してワークショップの開催方法の指導を行ったサンドラ・ジャノフさんは、クライアントからフューチャーサーチのファシリテーションを依頼された場合には、重要な利害関係者を集めてマイクロコズムを作ることが重要であると強調していました。そして、クライアントが事前に利害関係者を特定して、実際に会議に出席してもらう見通しを立てたことを確認できなければ、フューチャーサーチのファシリテーションを引き受けないのだとも話していました。

また、会社の中でホールシステムを反映する会議を開催する場合も、前向きでやる気のある人や気心の知れた人だけを集めるのではなく、変革に懐疑的な人や、やる気のない人、異議を唱える可能性のある人も仲間に入れて話し合いを行うことが大切です。問題を解決するためには、すべての利害関係者が話し合うことが大切なのです。さまざまなステークホルダーのグループが複雑に関係し合っている状況の中で困難な課題に取り組むためには、リーダー、専門家、チーム（チェンジエージェント）のみならず、顧客や取引先、地域の人々など社外の関係者なども含めた仕掛けが必要です。

第3章

安全な場を確保する

～関係の質を高める～

安全な場とはどういうことなのか？

安全な場とは、自分の考えを率直に言っても、それが理由で何らかの不利益を被ることのない場です。安全な場では、アイデアと人格は別のものだという合意がありますので、たとえ反対意見を言っても、それによって相手との関係が悪化することはありません。自由に発言しても問題がないのだと参加者が思える場なのです。

会議で発言してくれないので、部下が何を考えているのかわからなくて困っているという社長や部長がいます。そうした場合は「安全な場」が確保されているかどうかをチェックしてみることが必要かもしれません。

安全な場では、そこに集まる人の関係性の質が良くなっていきます。そこでは信頼関係、協力関係、支援関係、承認し合う関係、価値を共創する関係、励まし合う関係、お互いを高め合う関係が生まれているのです。

安全な場はしばしば「安全な器」という言葉で表現されることがあります。これは、意見の違いが対立に発展しても、それが爆発してチームをバラバラに引き裂いてしまうことのないようにしっかりと支えてくれる器があるような場を言い表しているのです。

なぜ、安全な場が必要なのか？

ホールシステム・アプローチでは、参加者が意見を忌憚《きたん》なく言えることが保障されていることが必要です。率直で自由な話し合いの安全な場を作らなければ、建前だけの表面的な関係になり、参加者は無力感を感じるだけになってしまいます。

よく起こることですが、成果が上がらないと、上司はメンバーの行動を強制的にコントロールしようとします。すると部下は、上司を恐れて本意でなくても表面的に合わせた行動をするようになります。部下自身がどうしてもやりたいこと、達成したいことなどの内発的な動機で行動するのでなくて、外から強制されることによって嫌々行動することになります。しかし、このように強制された行動がたまたま結果をもたらしたとしても、一時的なもので終わることが多く、長期的に成果を上げ続けることはできないのです。

関係性の質が高まっていないままに、行動だけが強制されれば、顧客に対しては押し売り営業となり、他部署に対してはコントロールをかけることになってしまい、さらに関係性の質を下げてしまいます。関係性の質が悪い状態とは、すなわち敵対関係、足を引っ張り合う関係、統制と従属の関係、批判し合う関係、恐怖と不安を増幅させる関係、否定し合う尊重心のない関係です。そのような関係では、意識や思考の部分は、嫌悪感、無力感、あきらめ、不信感、恐れや不安、否定的な感情、自己中心的な感情を増幅させることになります。このような関係性や意識の段階で、行動変容を強制されれば、さらに関係性と意識の質を下げるだけです。

このことは、MITのセンター・フォー・ラーニング・オーガニゼーションの創始者であるダニエル・キムが提唱している「成功の循環」により説明できます。ダニエル・キムは組織変革を成功させるためにもっとも重要なことは、「関係の質」を向上させることだと言っています。65ページの図のように「関係の質」が向上すれば「思考の質」が向上し、「思考の質」が向上すれば「行動の質」が向上し、「行動の質」が向上すれば「結果の質」が向上するのだというのです。言いかえれば、成功の循環は「右回り」に向上させていかなければならないのです。

しかし、前述の例では、関係性の質を向上させる前にいきなり結果の質を求め、結果が上がらないからといって行動の質の向上を求めているわけです。図で言うと「左回り」に回そうとしているために、うまくいかないのだということなのです。

安全な場と成功の循環

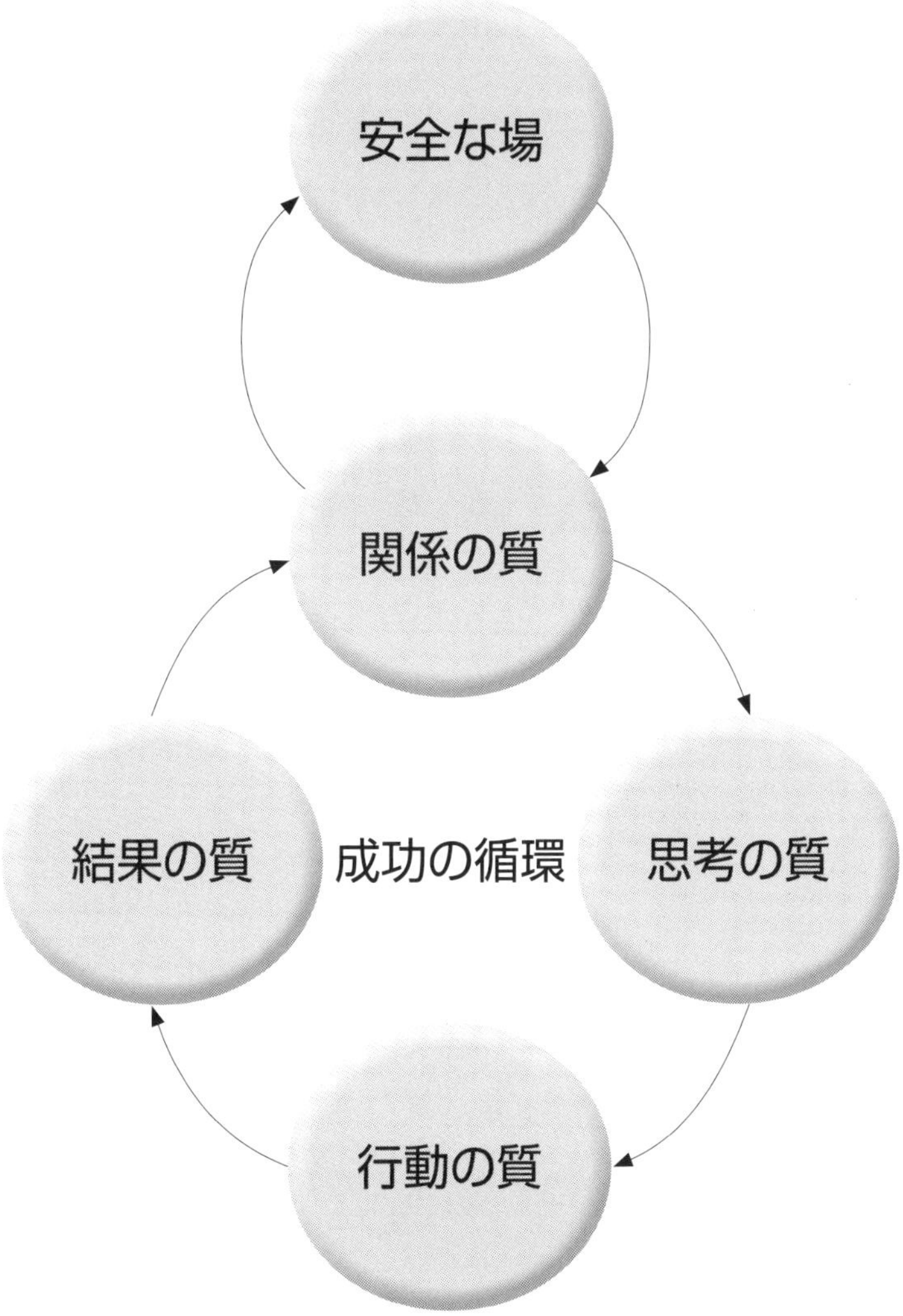

出所：Daniel H. Kim "Organizing for Learning" をもとに作成

それでは、「関係の質」を良くするためにはどうすればよいかというと、「安全な場」を確保することが大切だということになります。安全な場が確保されることにより、参加者の関係性の質が高まり、意識の質が前述のように高まっていくので場の質がさらに高まってきます。その場に参加した人の行動まで変化するようになり、場に集まった人たちの活動の成果も上がってきます。さらには、その場に集まる人たちが、他の場を形成しようという主体的な行動につながり、その新しい場においても、関係性と意識の質が高まってくることになります。

過去の延長線上に未来が思い描けない時代、従来からの発想の大きな転換が求められている時代に、発想のイノベーションを起こすための仕掛けがホールシステム・アプローチです。そのためには、自由闊達にアイデアを出し合い、異なる意見をぶつけ合い、新しいアイデアや行動を生み出していく必要があります。そしてそのためにもっとも大切なことが「安全な場」を確保することなのです。

誰が安全な場を作るのか？

それでは、安全な場は誰が作るのでしょうか？

安全な場を作るためにリーダーが果たす役割には大きいものがあります。しかし、安全な場はリーダーだけが作るものではありません。その場に参加する全員が協力して作り上げていくことが重要なのです。

ある企業で、女性社員から会議に対する不満を聞いたことがあります。その会社では、偉い人だけが一方的に話していて、部下はただひたすら黙って聞いているだけだと言います。どうしたらいいのでしょうか？　と聞かれたので、「試しに思い切って発言してみたら？」とアドバイスをさせていただきました。するとそれから間もなくしてその女性社員と会ったところ、「うまくいきました。ありがとうございました」と言うのです。

どうなったのかと聞いてみると、勇気を出して発言してみたところ、発言を妨げられることもなく、むしろ上司が熱心に耳を傾けてくれたとのこと。今では自分だけでなく全員が自由に話し合いに参加しているのだと報告してくれました。聞いてくれないと勝手に思い込んでいただけだったのです。それどころか、上司は女性社員からの発言を望んでいたこともわかりました。安全な場を作るためには、このように積極的に行動してみることも大切なのだと思います。

また別の会社の30代の男性社員の場合、社内の会議では知識・見識が自分よりも数段上手の社員がいて、常に自分の発言は完膚《かんぷ》なきまでに叩き潰《つぶ》されてしまうので、会議で発言することが怖くなってしまい、次第に発言しなくなってしまったそうです。

しかし、そのことを会社の友人に話したところ、それが相手に伝わり、相手は悪意がなくむしろ自分のためを思って意見を言っていたのだということがわかりました。その後はお互いに信頼関係が深まり、建設的なやりとりができるようになったそうです。このケースでは、組織的な上下関係だけでなく、知識レベルや能力、スキルなどの違いによっても安全な場が脅かされることがあることがわかります。また安全な場でないと、一方的に思い違いをしてしまう可能性もあるということがわかります。

リーダーや企画運営チームが、安全な場を作る準備をすることは大切です。しかしながら、参加者全員で場を作ろうとする姿勢も大切です。リーダーだけで安全な場を作ることはできません。ホールシステム・アプローチによる会議の雰囲気やムードは参加者1人1人が作っていくのです。

とはいえ、安全な場を作るためにリーダーが果たす役割には、とても大きなものがあります。安全な場を作るためにリーダーが取るべき行動にはさまざまなものがあります。また、組織が置かれている状況によっても異なります。

私（香取）が、マーケティング企画会社の社長をしていた時には、安全で信頼関係のある場を作るために次のような点に気を配りました。

◆すべての社員を「さん」づけで呼ぶことにより、フラットな関係を意識的に作る。
◆こちらから挨拶《あいさつ》をする。声をかける。
◆社長室のドアは常に開放しておいて、外から様子が見えるようにしておく。
◆作業中であっても、社員が話をしたいと言ってきた時は、必ず体を空けて社員の話し相手になる。
◆緊急事態が起こっても慌てたそぶりは見せない。
◆部下が失敗した時には、すぐに叱ることはせず、現状把握と緊急に対処すべきことに集中する。
◆相手の話をじっくりと聴く。
◆断定的な発言や決めつけるような言い方はしない。
◆自分の弱みや欠点を取り繕おうとはしない。

どうしたら安全な場が作れるのか？

安全な場を作るためにはリーダーやメンバーがそれぞれの立場から場作りに貢献することが大切ですが、そのための組織的な取り組みも必要です。

その第1は、組織のミッション、ビジョン、バリューなどをメンバー全員で共有することです。自分たちは何のために存在するのか、何を目指しているのか、何を大切にしているのかについて、メンバーが同じ意識を持っていることができれば、1人1人が何をすることが期待されているのかもはっきりするので、安心して発言したり行動したりできるのです。

また、経営情報や各個人の活動状況などの情報を組織の中で共有していることも大切です。誰が何を考え、何をしているのか、会社の状況はどうなっているのかについての透明感があれば、職場という場に対する信頼感が増し、結果的に安全な場の確保につながるのだと思います。

さらに社内コミュニケーションのインフラとしてダイアログが位置づけられ、実践されていることも安全な場作りに貢献します。安全な場が確保されていることが、ダイアログの成立にとって必要であるということが言われます。ダイアログの文化が浸透していることが、安全な場作りに役立つという側面もあります。組織の基本戦略の1つとして、ダイアログの推進をすることをぜひお勧めしたいと思います（ダイアログについては、第5章で詳細に説明します）。

安全な場は、一時的に混乱を生み出す

やや逆説的に聞こえるかもしれませんが、安全な場が作られると、社内ではそれまで抑えられていたさまざまな意見や要望が堰《せき》を切ったように流れ始めます。ですから、組織の中には不平や不満が噴出して、大混乱を引き起こしているような状況になります。しかし、これは、まさに安全な場ができたことの証拠なのです。ですからリーダーは、この段階を辛抱強くこらえなければなりません。

そして、こうした状況をポジティブに捉えて、社内にもポジティブに捉えていることを積極的に発信していくことが大切です。

こうしたことを示す事例を経験したことがあります。

大手メーカーのある部門のトップが、組織のメンバーと自由闊達に意見交換をしてビジョン構築したいと相談にきました。そこでAI（アプリシエイティブ・インクワイアリ）とOST（オープンスペース・テクノロジー）を組み合わせた2日間のワークショップを提案しました。そして、ワークショップを始める前にダイアログについて説明し、このワークショップはダイアログを基本に進めることを参加者に理解していただきました。

すると、とてもリラックスした雰囲気の中で、どんどん意見が出るようになり、活発な話し合いが行われたのです。しかし、それと同時にさまざまな不協和音も聞こえてくるようになりました。必ずしも考え抜かれたものではない、一見稚拙《ちせつ》なアイデアも数多く出されるようになり、話し合いは発散するばかりで一向に収束せず、混乱の度合いが増すばかりに見えました。会議を主催したトップは、この状態に戸惑いを隠しきれない様子でした。しかし、終了後何日かしてからメールが届き、多様な意見を自由に話し合える場ができたことを大変喜んでくれたのです。

第4章

もてなしの空間を演出する

～コーヒーブレイクの効用を会議に活かす～

コーヒーブレイクの効用とは？

会議やセミナーから帰ってきた人が、「コーヒーブレイクの時間の会話がもっともためになった」と言うのをよく耳にします。休憩時間にコーヒーを飲みながら参加者と交わした会話の内容のほうが、スピーカーの話よりも自分にとって示唆に富む内容だったというのです。

喫煙の健康被害が叫ばれるようになってから、オフィスにおける分煙化が進んできました。そして喫煙者たちは井戸端会議ならぬ「タバ端会議」をするようになったのですが、この場でも極めて生産的な会話が行われています。その重要性に気づいた人が、自分はタバコを吸わないのにわざわざ喫煙コーナーをのぞきにいったりする光景も見かけるほどです。この他、居酒屋も貴重な話し合いの場として機能してきました。

このように大切なことが決まったり、斬新なアイデアが生まれるのは、フォーマルな会議室やセミナー・ルームではなく、喫茶コーナー、喫煙コーナー、居酒屋などの空間です。そして、このことに注目して考えられた会議がホールシステム・アプローチなのです。次にご紹介するワールド・カフェ誕生の秘話はこのことを象徴的に表しています。

コーヒーブレイクから生まれたワールド・カフェ

『ワールド・カフェ』（アニータ・ブラウン、デイビッド・アイザックス著、香取一昭、川口大輔訳）によると、ワールド・カフェは次のようにして生まれたのだそうです。

ワールド・カフェの考案者アニータ・ブラウンとデイビッド・アイザックスは、カリフォルニア州サンフランシスコ市の郊外にある自宅のリビングルームで、ある会議を開催していました。それは「知的資本のパイオニア」というテーマの会議で、知的資本に関する20数名の専門家が世界各国から集まっていました。

2日目の朝になりました。参加者は各所から通ってくることになっていたのですが、その日は朝から大雨が降っていました。アニータたちは困ってしまいました。というのも、三々五々集まってくる参加者は会議が始まるまでの時間、ベランダに出たり、近くを散歩するなどしてもらう予定だったのに、雨のためそれができなくなってしまったからです。デイビッドの提案で、いくつかの小さなテーブルが用意されました。そこでコーヒーを飲みながら雑談をして待ってもらおうと考えたわけです。模造紙をテーブルクロス代わりに敷き、それぞれのテーブルに花を一輪置きました。

そこにファシリテーション・グラフィックスをしているトミー・ナガイ・ローズが到着すると「まあ素敵。カフェみたい」と言って、「ようこそホームステッド・カフェへ」と書いた紙を入り口に掲示しました。

やがて参加者が三々五々集まってきて、コーヒーを飲みながら自由な話し合いが始まりました。昨日から始まっていた知的資本についてのテーマについて話し始めたのです。参加者は模造紙に思い思いに落書きをしながら会話をしていました。会議を始める時間になりましたが、皆の会話がとてもいい感じだったので、アニータたちはそのまま会話を続けてもらうことにしました。

しばらくすると参加者の1人が「他のテーブルで、どのような話し合いが行われているのか興味があるので、それぞれのテーブルに1人ずつ残して、他の人は別のテーブルに移ってダイアログを続けませんか？」と提案しました。そしてさらに話し合いが続けられました。

やがて昼になったので、模造紙を床に置いて皆でその周りに集まりました。すると中央から何かのパターンが浮かび上がってくるような感覚が得られたのだそうです。

その後、この会議に参加した人々が、別の場所で同じような会議の進め方を実践するようになり、ワールド・カフェが普及していったのだそうです。

こうしてワールド・カフェが誕生したわけで、それはまさに、コーヒーブレイクの時間を会議にするという発想そのものだったのです。ワールド・カフェは考案されたのではなく「発見された」のでした。

なぜ、コーヒーブレイクなのか

それではなぜコーヒーブレイクの時間が生産的な会議を生み出すのでしょうか？

それは堅苦しい雰囲気にする仕掛けがないことが大きな理由だと考えられます。たとえば座席が決められていないことも、枠にはめ込まれた会議でないことを暗示しています。

フォーマルな場では上下関係などが場に組み込まれていますが、コーヒーブレイクなどのインフォーマルな場では、そうした関係が崩れることが多いのです。たとえば喫煙コーナーを考えてみると、そこには「部長」や「課長」ではなく、同じ「喫煙者」が居合わせているだけなのです。

また、会話のプロセスをコントロールするファシリテーターも存在しません。ですから人々は自分たちで会話のプロセスを自律的に決めることができます。

さらに重要な点は、自分たちが本当に話し合いたいテーマについて話し合うことができるということなのです。あらかじめ決められた議題があるわけではなく、参加者の関心のあるテーマについて自由に話し合えばよいのです。

人は自分が話し合いたいテーマやトピックスについて話し合う時、もっとも生き生きと創造性を発揮できるのではないでしょうか？

もてなしの空間をどう作るか

それでは、リラックスしたもてなしの空間を作るためには、具体的にはどうすればよいのでしょうか？

もっとも大切なことは、主催者やファシリテーターの「もてなしの心」です。参加者が不安や恐れを抱くことなく、安心してリラックスして参加できるような場を提供したいという思いが大切なのです。会議を企画するチームのメンバーがこのことを共有したら、そのためのさまざまなアイデアが浮かんでくるはずです。

そうした「もてなしの心」が整った上で必要な即物的なアイデアをいくつか掲げるとすると、次のようなことが考えられます。

◇窓のあるゆったりとした部屋
◇花や植物（テーブルの上、部屋の中）
◇円形のテーブル
◇コーヒーや清涼飲料水
◇チョコレートなどのスナック菓子
◇音楽
◇環境映像
◇手書きの資料や掲示物
◇心のこもった招待状

こうしたもてなしの空間を整える際にぜひ検討したいのは、いつものオフィスを離れて、静かな自然に囲まれた場所の宿泊会議施設で会議を開催することです。温泉があれば最高です。こうしたオフサイトでの開催のメリットは2つあります。

その1つは会議に集中できるということです。オフィスの会議室などで実施すると、仕事の連絡が入ってきたりして会議を中座する誘惑にかられます。ですから、呼び出されてもすぐには行けないところに「隔離」することは、テーマに集中するためにとても意味のあることなのです。

オフィスから離れた場所で実施することのもう1つのメリットは、環境が変わることにより新鮮なアイデアを出しやすくなるということです。気分転換の効果は計り知れないものがあることは、読者もすでにお気づきのことと思います。

もてなしの空間作りの例

それでは「もてなしの空間作り」の実際はどのようなものでしょうか?

筆者は、OSTを実施する時には、最初に全員が集まるサークルの中央に置くものを工夫しています。典型的なセッティングは82ページの写真に示す通りです。床に敷かれているクロスは、筆者がインドネシアのバリ島に行った時に買い求めたもので、気に入っている一品です。こうした思い入れのあるものを使うことによって、場の温かさが一段と増すのです。

ワールド・カフェについて学びたいと希望している人々が主催したワークショップを指導したことがあります。その際、主催者の1人は自宅から小さな花を持ってきて、生け花感覚で小さなビンに生けて、もてなしの空間を演出しました。

この他、日本ファシリテーション協会の九州支部では、参加者が会場に置いてある段ボール箱などを使って「炬燵《こたつ》」を作り、それをテーブル代わりにして、居心地のよい日本の居間を演出しました。

サウジアラビアでは、飛行機の格納庫に絨毯《じゅうたん》を敷き詰めて700人がリラックスした雰囲気の中で話し合いのできる空間を創造したというエピソードも紹介されています。

さらに日常的にオフィスの中に「もてなしの空間」を作っている事例もあります。

もうだいぶ前のことになりますが、ベルギーのコンサルティング会社とお付き合いがあり、ブラッセル郊外にあるオフィスを訪問しました。そのオフィスは3階建ての民家を活用したもので、コンサルタントはそれぞれが個室で仕事をしていたのです。

しかし、午前と午後に「お茶の時間」が決められていて、その時間になると、全員が個室を出て「お茶の間」に三々五々集まってくるのです。この時間がとても生産的なのだと、

もてなしの空間作りの例

OSTで使っている敷物

ワールド・カフェの
テーブル・セッティング

ワールド・カフェの会場設
営（ペガサス会議）

彼らが話していたことを今でも思い出します。素晴らしい場の設定がされているものだと大変感心したものです。

このように企画する人の熱意と思いがあれば、さまざまなユニークな「もてなしの空間」を作ることができるのです。しかし、「もてなしの空間」を作る上で、もっとも大切なのは、ホストたちの「もてなしの心」だということは再度強調しておきたいと思います。

第5章

オープンに話し、オープンに聴く

～対話（ダイアログ）力を高める～

ダイアログとは?

ホールシステム・アプローチによる話し合いの基本ルールは「ダイアログ」という会話のやり方に由来しています。

ダイアログとは、勝ち負けの生じない合意やアイデアを生み出すための会話であり、心を1つにして行動することのできる状態を作り出すための会話です。

「ダイアログ」は、これまで一般的には「対話」と訳されてきましたが、ホールシステム・アプローチの考え方の背景となっている「学習する組織」では、あえて「ダイアログ」と呼んで、従来からの言葉の意味との混同を避けようとしています。

学習する組織の考え方を提唱したピーター・センゲは、その著書『学習する組織』（ピーター・M・センゲ著、枝廣淳子・小田理一郎訳、2011年、英治出版）の中で、学習する組織を実現するための5つの規律を挙げていて、そのうちの「チーム学習」のための具体的な方法として、物理学者のデビッド・ボームが提唱したダイアログを紹介しています。ボームの説くダイアログのイメージは次のようなものです。

〝時折、一族の人々は集まって円形に座る。彼らは何の目的もないかのようにひたすら話し続ける。何かを決めるというわけではない。リーダーもいない。しかし誰でもが参加できる。人々は賢い年長者には少しだけ多く耳を傾けるかもしれないが、基本的に誰でもが話すことができる。話し合いは延々と続き、何の理由もなく終わる。そしてグループは解散する。しかし、そうした話し合いが終わると、全員が何をすべきかを知っているように見える。なぜなら彼らはお互いをよく理解しているからである。その後、彼らは小グループで集まり、何かをしたり、何かを決めたりする〟（David Bohm On Dialogue）

ここに示されているように、ダイアログは時間内に結論を出せるようにファシリテーターがプロセスをコントロールするような会議の運営方法とは対極にあるものです。結論を出そうとしなくても、結論は自然に出るというまさにホールシステム・アプローチそのものなのです。

ディスカッションとはどう違うのか？

ダイアログは、ディスカッションや雑談との違いを考えてみると、その特徴がはっきりとします。

まずディスカッションとの違いについてみると、89ページの表に示す通りです。もっときわだった違いは、ディスカッションが相手を論破して自分の考えを通そうとするのに対して、ダイアログでは相互理解を深めるために、相手の考えの背景を理解しようとするところです。

次に雑談とダイアログはどう違うのでしょうか？

これについては90ページの表に示す通りです。

ダイアログとは「真面目な雑談」だと言ってもよいかもしれません。すなわち、雑談では、なるべく対立が起きないように気を配りながら、当たり障りのないことを話題にするのに比べ、ダイアログでは対立を恐れず、タブーとされているテーマも含め、自分の考えを率直に話します。

ディスカッションとダイアログの比較

	ディスカッション	ダイアログ
前提	正しい答えがあるはずだ。それは自分の答えだ	誰もがよいアイデアを持っているはずだ。それらを持ちよれば、良い解決案が見いだせるだろう
態度	戦闘的：参加者は、相手が間違っていることを証明しようとする	協力的：参加者は、共通の理解を目指して協力する
目的	勝つこと	共通の基盤を探すこと
聴き方	相手の欠点を探しながら、そして反論を組み立てながら、相手の話を聴く	理解しよう、意義を見いだそう、同意しようとして相手の話を聴く
主張	むきになって自説の正しさを主張する	再評価のために物事をよく知る機会だと思う
評価	相手の立場を批判する	すべての立場を再調査
自説の扱い	相手の見解に反対し、自説を主張する	相手の考え方を取り入れれば自分の考えも改善できると認める
相手の評価	相手の欠点と弱点を探す	相手の強さと価値を探す
結論	自分の立場を是認するような結論または投票を求める	打ち切りを求めず、新しい選択肢を見いだす

出所：ダニエル・ヤンケロビッチ『人を動かす対話の魔術』から作成

雑談（社交的会話）とダイアログの違い

雑談（社交的会話）	ダイアログ
「社交」や「暇つぶし」が目的	「本当に理解し合うこと」、「心からの合意を形成すること」などが目的
いつ誰が何を言ってもかまわない 話題があちこちに飛んでもかまわない	テーマに集中する（誰かの発言やアイデアを集中して聴き、話す）
断定的に話してもかまわない	断定的に話してはいけない
相手の話を真剣に聴かなくてもよい（聴いているふりをすればよい）	相手の話を真剣に聴く（相手の発言の背景を考え、わからなければ尋ねる）
対立をできるかぎり避ける	対立を恐れずに自分の考えていることを話す
本音は言わなくてもよい	本音で話す
「受け」を狙った発言が歓迎される	単に「受け」を狙っただけの発言はしない
話題が途切れないように心がける	沈黙があっても、 無理に発言しなくてもよい
場の雰囲気に注意しながら話し合う	会話のプロセスに注意しながら話し合う

オープンに話す

実際にダイアログを行うために、参加者はどのようなことに気をつければよいのでしょうか?

これについて『手ごわい問題は対話で解決する』の著者で、世界中の紛争地域における困難なダイアログを多数手掛けてきたアダム・カヘンは、〝ダイアログの秘訣《ひけつ》はただ1つである。「オープンに話し、オープンに聴くこと」なのだ〟と述べています。

それでは「オープンに話し、オープンに聴く」ためには、具体的にどうすればよいのでしょうか?　まずオープンに話すためのポイントを整理してみると次のようになります。

(1)思っていることを率直に言う

こんなことを言ったら恥ずかしいのではないかとか、自分の考えは間違っているかもしれないなどと尻込みせずに、率直に発言することが大切です。

(2) 自分の考えを保留する

たとえ自分の考えであっても、それを絶対的なものであると考えないことも大切です。自分の考えを皆で探究する対象として場に提供して、自分自身もその考えを客観的にながめるという姿勢が求められるのです。

(3) 断定的な言い方をしない(決めつけない)

自分の考えを保留して探究するためには、断定的な言い方をしたり、決めつけたりしてはいけません。「私は~だと考えるのですが……」とか「私はこう感じるのですが皆さんはどうですか?」というような言い回しをしてみてはいかがでしょうか?

(4) スピードを落としてゆっくりと話す

ダイアログでは、テーマについて深く考えることが大切です。そのためには、相手の発言に直ちに反応してしまうのでは、深い探究をすることが難しくなります。結論を急ぐこともないのです。日頃のビジネスにおける会話はスピードと効率が求められますが、ダイアログでは、スピードを落としてゆっくりと話すことが大切なのです。

(5) 興奮したり、感情的に述べたりしない

ダイアログでは感情を語ってもかまいません。しかし、興奮したり、感情的に述べることは避けなければなりません。感情をコントロールできなくなりそうだったら、まずは深呼吸して気持ちを落ち着かせましょう。

オープンに聴く

オープンに聴くためのポイントを挙げると次のようになります。

(1) 相手の話をありのままに聴く

まずは相手の話をありのままに聴くことが大切です。そのためには、相手の発言の是非を直ちに判断することは避けなければなりません。判断を保留して、まずは相手の意見に率直に耳を傾けることが肝心です。

また、相手の立場になって聴くことも重要です。視座を相手の内側に移して聴いてみるということです。感じ取ると言ってもいいかもしれません。

(2) 思考のプロセスに注意を向ける

相手の発言が理解できない場合には、その発言の背景について尋《たず》ねることも大切です。どのような事実に注目して、どのような解釈をしたかによって結論は大きく変わってくるので、こうした思考のプロセスを探究することによって相互理解が深まってくるのです。

なお、相手の思考のプロセスを共に探究すると同時に、自分の思考のプロセスについても積極的に開示することが大切であることは言うまでもありません。

(3) 自分の聴いている姿勢を自らに問いかける

自らの聴いている姿勢を自らに問いかけながら聴くことも大切です。自分が日頃知らず知らずのうちに持っている思い込みのレンズで相手の話を聴いたのでは、十分な探究はできません。

(4) その場に共有化された意味を聴き取る

ダイアログの目的は、参加者が自分の考えに固執することなく、率直に意見を交わして、日頃気づくことが難しい共通の思いに気づくことだと言ってもよいでしょう。ですから、ダイアログが深まってくると、その場に共有された意味が流れ出します（99ページ参照）。

そうした声に耳を傾けながらダイアログに参加すれば、実り多い場を作ることができるでしょう。

ダイアログで心がけたいこと

筆者たちはホールシステム・アプローチによるワークショップをやる時に、ダイアログで心がけたいことについて簡単に説明しています。その内容は、「オープンに話し、オープンに聴く」ですでに説明したことと重複していますが、何点か補足すると次の通りです。

(1) 対等な立場で参加する

組織における上下関係や知識のあるなしなどをダイアログの場に持ち込むと、自由闊達な話し合いの妨げになります。ですから、参加者は役職や役割を離れて参加することが大切です。

また、役職者はしばしば「役職」という鎧《よろい》で身を包んで自分自身をも身動きできない状態にしていることがあります。まずは「鎧を脱ぐ」ことから始めることが肝要です。

(2) アイデアと人格を分けて考える

自分の発言内容が否定されると、自分自身も否定されたと感じて、防衛的な反応を取ってしまうことがあります。ダイアログでは「アイデア」と「人格」を分けて考えることが重要です。

(3) 沈黙を恐れない

長く沈黙が続くと居心地の悪さを感じるために、あまり意味のないことをしゃべり続けてしまうこともあります。しかし、それでは深い会話はできません。

ダイアログでは、参加者が心の中で内省をしているわけですから、沈黙の時間の中には豊かな意味がいっぱい詰め込まれていることが多いのです。無理に意味のない発言をすると、思考の流れを中断させてしまいます。

社交の場から生成的会話の場へ

ＭＩＴのオットー・シャーマーは、当たり障りのない日常的な会話が、集合知を生み出す生成的なダイアログに発展するまでのプロセスを図（98ページ参照）で説明しています。

図の左下の「社交の場」では、参加者は自分の考えていることをひたすら話しているだけで、相手の話を聴いていません。コンピュータのソフトウエアをダウンロードしているような状態です。相手の話を聴き流しているだけなので、意見の対立は起きません。しかし、これでは本当のダイアログは成立しません。

参加者が自分の考えを保留して相手の言っていることに注目し始めると、自分の考えとの違いに気づくようになります。そして意見の対立が表面化してくるのです。しかしこの「対立の場」はけっして居心地のよい状態ではないので、左下の「社交の場」に逆戻りしたくなるのです。「まあまあ、言っていることは違うように見えるけど、結局は同じことを言っているのではないか」などと言って無理やり対立を収めてしまいます。調和を大切にする日本人の場合は、特にこの傾向が強いと言われています。しかし、これでは元も子

社交的な会話から生成的な会話へ
～ダイアログにおける4つの場～

（シャーマー・モデル）

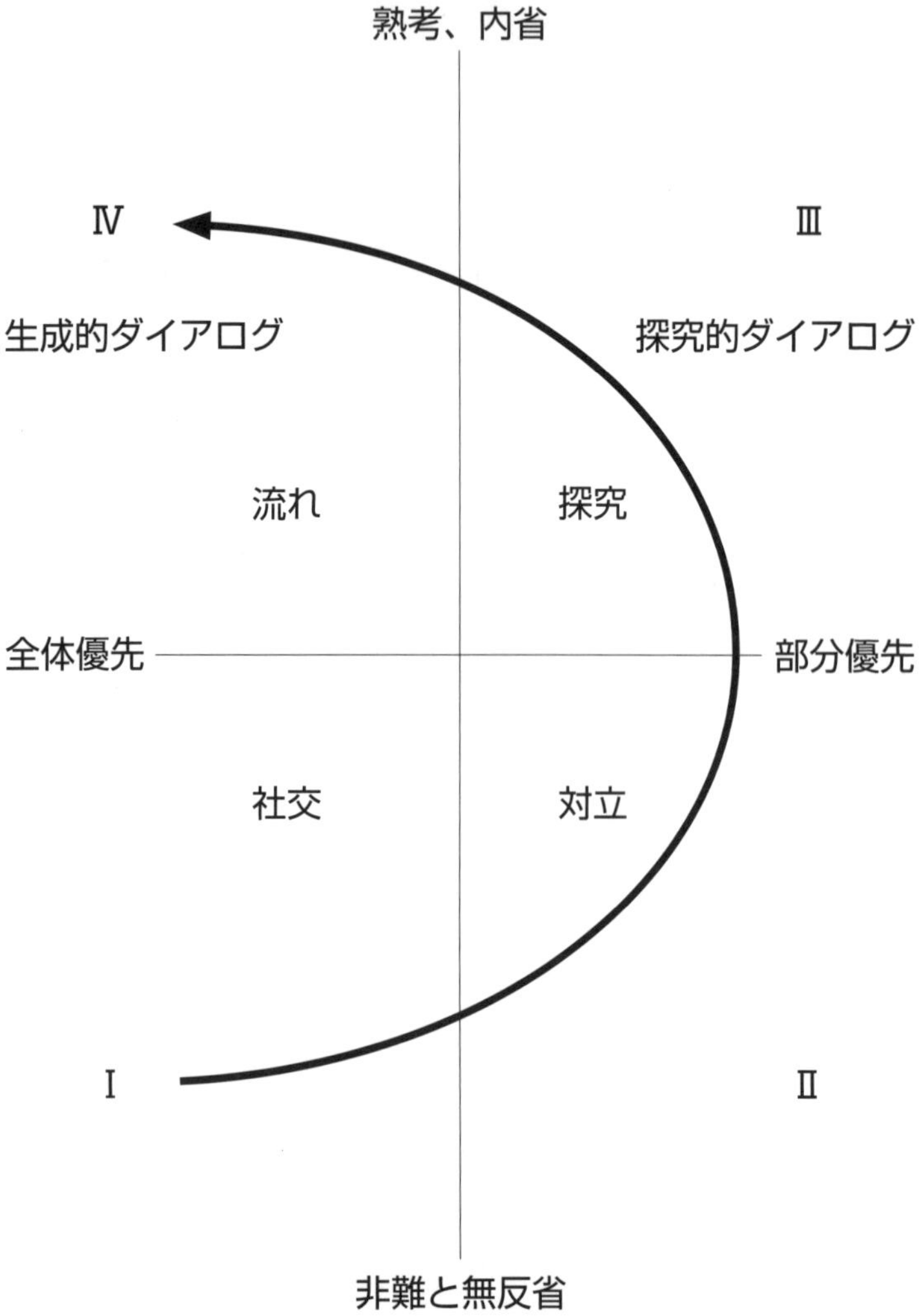

もなくなってしまいます。

そこで、相手の発言の背景にある思考のプロセスはどのようなものなのだろうかという探究のプロセスに進みます。それが右上の「探究の場」（探究的ダイアログの場とも言います）なのです。相手の立場に立ってお互いの考えを深めていきます。

こうした状態が続くと、やがて参加者の脳があたかも1つにつながり、バーチャルな脳になったような感じがしてきて、突如、皆がいっせいにこれまで思いもつかなかったことに気づくようになります。多くの人々はこの状態を「意味が流れる」と表現しています。そしてこれが「生成的ダイアログの場」なのです。

このように会話の質が変わっていくことにより、生成的な場での深い集合的な気づきが得られるようになるわけです。しかし、いきなり左上にいかなくてもがっかりすることはありません。少しずつ会話の質を高めていくように参加者が心がけることが大切なのではないでしょうか？

第6章

ストーリーテリングで強みと可能性を引き出す

～背景情報を共有する～

活力のある企業からはストーリー（物語）が流れてくる

すでに放映は終了しましたが、ＮＨＫの「プロジェクトＸ」という番組では、社会や会社全体の将来を考えて、他の部門や顧客を支援するために苦難を主体的に乗り越えた多くの人々のストーリーが紹介されていました。

プロジェクトＸで取り上げられなくても、中小企業や大企業、ＮＰＯ法人、病院、自治体など、あらゆる組織の中にさまざまなストーリーがあります。どんな組織も、自分たちが大切にするコアバリューを確認して、ありたい姿をビジョンとして描き、それに向かって試行錯誤を重ねます。やがて乗り越えなければならない壁が現れます。しかし、力を合わせてその壁を乗り越えた時、そこに関わる人の熱い思いや、力強い意志、そして仲間たちとの信頼関係の存在が聞く人の共感を呼び起こします。

活力ある組織の中ではさまざまなストーリーが語られています。ただしどのようなストーリーが語られているかによって、その組織が目指している未来の姿がわかります。

私（大川）は、加賀屋の先代女将、小田孝さんの思い出を、現在の女将である小田真弓さんが語るのをＴＶで拝見したことがあります。

真弓さんが嫁いできて加賀屋で働き始めた頃のこと、一時帰省した真弓さんが加賀屋にもどる車が数時間遅れてしまったのだそうです。なんとか、真弓さんが加賀屋に帰ってくると、降りしきる雪の中、髪を真っ白に染めながらじっと佇《たたず》んで自分を待ち続けてくれていた孝さんの姿が目に入ってきました。タクシーから降りた自分を温かく出迎えてくれた孝さんの気持ちが、とてもうれしかったと真弓さんは語っていました。これは、孝さんが真弓さんを大切に思っていることを表しているのと同時に、加賀屋の組織としてお客様を迎える時の思い、姿勢が、先代女将から現女将に伝えられたストーリーなのだと思いました。

組織内で語り継がれるストーリーには、その組織の１人１人が大切にしている価値（バリュー）、将来像（ビジョン）が組織に流れるエネルギーを伴って入っています。ストーリー（物語）には、人々を鼓舞して、新しい未来を共に築こうというモチベーションを喚起し、組織全体の活力を引き出していく力があるのです。

インタビューとリストーリー

ストーリーテリングのパワーが注目されるようになってきました。

不況が深刻化する中で､悲しくつらいストーリーが多くのメディアから流れてきました。期間工の解雇、再就職の難しさ、避難所生活、倒産、自殺……。

これらの話（ストーリー）を聞いた多くの人は、自分の中の過去から人生や世の中について、以下のようなネガティブなストーリーを引き出し、それを強化していったのではないでしょうか？

◇努力しても無駄だ
◇他人はいいように自分を利用しようとする存在だ
◇金の切れ目が縁の切れ目だ

このようなネガティブなストーリーは、絶望的で、悲観的、否定的な気持ちをもたらし、それを再確認するようなストーリーを人々の過去から引き出します。そして人々をばらばらにしてしまいます。ネガティブなストーリーにもこれだけのパワー（力）があるのです。

これに対して、生きることや場に対する認識のリアリティを高め、自分や他人への信頼感で人々をつなげるようなエネルギーが流れるストーリーは、価値を体現したポジティブなストーリーです。

ホールシステム・アプローチでも、価値を体現したポジティブなストーリーを引き出すストーリーテリングの手法が使われています。

たとえばＡＩ（アプリシエイティブ・インクワイアリ）では、これまでに経験した最高の瞬間についてのストーリーを聞き出す「ＡＩインタビュー」が行われます。そして聞き手が聞いたストーリーを他の参加者に紹介するという「リストーリー（聞き手が自分の言葉で語りなおす）」の技法も使われています。

「リストーリー」は、聞き手の感情を引き出すなど、話し手と聞き手の間のコラボレーションを生み出すためにも効果を発揮し、物語を共有することもできます。さらには、新しい場が生まれ、集合的な意識の転換も起こします。

価値を体現したポジティブなストーリーは、最初は、個人的なストーリーから始まるのが自然です。しかし、ストーリーが語られる中で、多くの人たちから支援や思いやりで支えられていることに気づきます。暖かい雰囲気の中でそのようなことに気づくようになると、組織の成長の大きな流れの中で自分が生かされ、成長を後押しされていたことを実感できるようにもなってきます。その時、自分には仲間がいて1人ではなく、信頼関係のある組織の中で仕事をしていることの意義や誇りを感じることができるようになります。そして、いつの間にかエゴを手放している自分に気づくことができるのです。

現在、多くの企業が経営に苦しんでいる中で、経営危機の原因追求がともすれば、犯人探しとなり、お互いの関係がぎすぎすしてしまう可能性をはらんでいます。

こんな時こそ、組織が大切にしている価値を体現したストーリーを語り合い（ストーリーテリング）、共有して、ダイアログをすることで、組織のメンバーの中に信頼とシナジーを生む必要があるでしょう。

ストーリーテリングは未来を作るエネルギーを生む

ストーリーテリングには、状況と感情など、リアルな人間の有り様と言動をダイレクトに生き生きと聞き手に伝えることができるという効用があります。また、ストーリーテリングは、メッセージを伝える計り知れないパワーを持っています。

認知科学者のロジャー・C・シャンクは、「観念的に言えば、人間は論理を理解するようにできていない。人間は物語を理解するようにできているのだ」と述べています。

今、なぜ、ストーリーテリングに注目が集まっているのでしょうか？　それには次のような理由があるのだと考えられます。

（1）メッセージを伝えるためには、メッセージそのものだけでなくコンテキスト（背景情報）も同時に伝えたほうが伝わりやすい。そこで、コンテキストを伝えることのできるストーリーへの関心が高まってきている

（2）ナレッジは相互作用の中から生まれるのだとする社会構成主義の考えが広く支持されつつあり、ポジティブな言葉やストーリーの効用が注目されるようになった

（3）人間性を軽視した「労働力」としてのみ見られる風潮の中で、社員のモチベーションを向上させるためには、無味乾燥な概念と論理ではなく、感情や状況描写をともなうストーリーが大切だと考えられるようになってきている

（4）ストーリーテリングは、変革の必要性を組織の中に浸透させ、人々をその気にさせることのできる力を持っている

ストーリーはさまざまなメッセージを運ぶ乗り物

これに関して、2008年11月に開かれたペガサス・カンファレンスで、ピーター・センゲは「機械の物語ではなく、宇宙の物語を語ろう」と呼びかけています。今の社会が機械論的な科学の言葉で語られてきた結果としてできていることを認識し、新しい生命・宇宙の言葉で自分たちを語り出そうという提案です。また、同じカンファレンスで、ベティ・スー・フラワーズは「エコロジカルな物語」を語り、エコロジカルな価値を共有することの重要性を指摘しています。

どのような未来が出現するかは、未来についてどのような物語を語るかによって変わってきます。したがって、現在の閉塞感を打ち破り持続可能な未来を創造するためには、1人1人がこれまでのとらわれや古いメンタルモデルを捨てて、これまで語ってきたストーリーを改めて、リストーリー（ストーリーを作りなおす）することが大切です。

そうしたリストーリーがなされた時、個人的な自分の活動のストーリーが組織の成長、社会や、大げさに言えば、歴史の大きな流れの中で現実となっていることに気づくのです。

私たちは物語を作り出す自由を持っているということに、改めて気づくことができます。「自分たちは何者であるか」「自分たちはどのような存在になりたいと願っているのか」について、繰り返し探求し、より良いストーリーを作り出していくことができるのです。

ストーリーテリングは、最高のパフォーマンスに向けて人々を行動に駆り立てる仕事の意義と人々を結びつけることができます。

私たちは事実をどう意義づけるかによって「我々は未来を創造できる」と語ったり、あるいは、「我々は何もできない」と語ったりします。

したがって、ストーリーの意味づけを間違えなければ、ストーリーテリングによって価値を革新し、未来を創造していくエネルギーを人々から引き出すことができるのです。

正直な感情をストーリーに込める

ストーリーテリングの力と効用については、これまで述べた通りですが、実際にやってみるとストーリーを語ることは誰にでもすぐにできるようなことではありません。ストーリーを語る能力の高さについて意識しすぎると、「私にはできない」と尻込みしてしまう人が大勢出てくることにもなります。

しかし大切なのは、うまく語ろうとすることではなく自分を正直に表現しようとすることです。そして何よりも楽しみながら、一歩一歩、自分の中のもっとも大切なものを表現しようと努力することです。

ストーリーテリングの事前準備と実際のストーリーテリングの時、どのようなことに気をつけて、努力していったらよいのでしょうか？　順序だてて整理してみました。

(1) ストーリー（物語）を以下のようなストーリーの生成プロセスに応じて情報を整理する

①事の起こりとしての目的やミッション
物語のきっかけのことです。物語で最初に起きる出来事です。
②困難（試練）
目的を持って始めたものの、苦難や試練に突き当たります。目的達成を阻むような問題や、仲間の対立、離反が起こります。
③転換（決意、共鳴、創発）
その中で、誰かの前向きな一言がチームの試行錯誤の形勢を突破するきっかけとなり、参加者の協力関係が構築されて目標に向けて前進し始めます。
④物語の結末としての成果
最後は、どのような成果を収めることができたか、その時の気持ちはどうだったか、誰が祝福してくれたかなどを語ります。

（2）上記の基本プロセスで、その際どんな気持ちだったか、正直なつらさの表現などの感情の動きを思い出す

（3）語る時は、時系列に語るのではなくて、トピックになるシーンを特定して、気持ち

を正直に、情景を映像的に語る。内容を構造化したり、論理立てるよりも、気持ちや思いを、自分らしく正直に伝えるほうが良い

ストーリーテリングでバリューを伝える

私たちがご支援させていただいている某病院では、病院のトップを含む医師、看護師、事務職員などの中堅および幹部で構成する約20名のチームが、その病院のバリューを特定し、新入社員に伝えていくことにしました。

まずＡＩインタビューを行い、過去の最高の経験について2人1組になって語り合いました。続いて何人かのグループになって、ストーリーを聞いた人がそのストーリーを他人たちに伝えます。これは「リストーリー」と呼ばれる手法で、こうして他人によって語られることにより、ストーリーが「皆のストーリー」になるという効果があります。

この時、ストーリーを聞いている人は、その中にどんな「バリュー（価値）」が含まれているかに注目して、それを書き留めておきます。そして、最後に全員でそれらの価値を洗い出して統合・整理することにより、病院の人々が大切にしているバリューを抽出した

のです。

ＡＩインタビューでストーリーテリングをした経験を通じて、その効果を強く印象づけられた病院幹部は、毎年4月に入社してくる新入社員に病院のＤＮＡが反映されていることらのビジョンを伝えるためにも、ストーリーテリングの手法を活用することにしました。

具体的には、自分たちのこれまでの経験の中で、それぞれの価値を反映しているストーリーを思い出して、お互いに紹介しあうことにしました。そして語られたストーリーの中からもっとも共感を呼ぶストーリーをいくつか選び、それを使ってバリューを伝えようと考えたのです。

こうして2日間のストーリーテリングのセッションが設けられました。最初は自信なさそうな人もいました。ところが輪になって価値について語りあい、ストーリー（物語）を述べ合う中で、価値として認識していることがその人の仕事の日常業務のどこにあるかがわかり、自信と誇りにあふれた表情になってきました。そして、感動的な経験についてのストーリーが次々と披露されるにつれて、参加者の間にポジティブな感情と強い信頼関係が作られていったのです。

ところで、ストーリーテリングを続けるうちにわかった興味深いことがいくつかあります。

その1つは、いくつかの同じストーリーが複数の別々の部署や立場の参加者から語られたということでした。同じプロジェクトについて、別の角度からの思いや行動が次々と語られる様子は、あたかもアンサンブル音楽を聴いているような感覚でした。

次に興味深かったことは、多くの人に共感をもって受け入れられるストーリーには、複数のバリューが含まれていたということです。多くのバリューに裏づけられたストーリーだからこそ多くのメンバーの支持を得られたのでしょう。

もう1つ、感動を呼び起こすストーリーには、何らかの困難に遭遇したものの、仲間の助けによってその難局を切り抜けることができたという要素が含まれていたことも印象的でした。これに対して、他のメンバーから共感をもって受け入れられなかったストーリーの場合は、個人的な業績を強調する内容のものでした。

ある大手通信会社の部長さんが語っていたことがあります。この会社でもストーリーテリングを取り入れた会議をやっているものの、管理者は自分の業績がいかに素晴らしいかということばかりを言うので、説得力のあるストーリーにならないのだそうです。これに対して社員の場合は、成果よりもそれに至るプロセスについて語るので、説得力があるのだと言っていました。このことはストーリーテリングを行うときの留意点として心にとめておく必要がありそうです。

第7章

共有する価値や目的を発見する

～違いを超えて共通するものに気づく～

なぜ、皆、ばらばらなのか?

ホールシステム・アプローチでは、早急に結論を出そうとはしません。参加者の思いを1つにして具体的な行動がとれるような状況を生み出そうとします。

そのためには、メンバーが何を大切に思っているか、何を望んでいるのか、何を達成したいと考えているのかなどについて共有できるものがなければなりません。

しかし、実際のところはばらばらで、時としては反目したり対立したりしています。そしてホールシステム・アプローチによるワークショップを開催しても、なかなかその溝は埋まらないのが現実です。それを無理に「合意」に持っていこうとするため、たとえ決まっても実行されないという状況が生じてしまうのです。それでは、なぜこうまでも皆がばらばらで分断された状況になってしまったのでしょうか?

いくつかの理由が考えられます。そのうちの1つの理由としては効率化を求めて分業化が進みすぎたことがあるかもしれません。このため、全体を見ることができなくなり、蛸《たこ》壺《つぼ》に入ったような状況になって、部分最適を求めることになってしまったのです。

　また、主体と客体の二元論的なものの見方が浸透して、客体をコントロールしようとする発想が広がったことも、人々の分断を進める結果になりました。

　さらに、人々がばらばら感にさいなまれるようになった最大の原因は、行きすぎた競争社会だと言っても過言ではないでしょう。「勝つか負けるか」という言葉に代表されるような世界観が蔓延していることが、人々を分断させているのだと思います。

ばらばらなようで、つながっている

　こうした中で、ホールシステム・アプローチのさまざまな手法を開発したり実践したりしている人々には、ある共通した考えがあるように思えます。

　それは、どんなに反目していたり対立していたりしても、人はその深いところでつながっているのであり、共有できる何かを持っているのだという信念です。

　それをイメージで示すと118ページのイラストのようになります。水面上に顔を出して向かい合っている2人は、一見お互いに何の関係もない別々の存在のように見えます。しかし、よく見ると水面下ではつながっているのです。2人の両足はまさに同じ地盤の上

無関係に見えても共通の基盤に立っている

に立っています。そのことに気づかないのは、すでに述べた理由によって意識が分断されているので、恐れや不安、不信などの洪水で深いところが見えなくなっているからなのです。ですから水位を下げることができれば、共有している部分が多いことに気づくはずなのです。ホールシステム・アプローチでは、水位を下げて、皆が共有できる部分をできるだけ大きくするために工夫を凝らしているのです。

ビジョン・ガテマラの物語

こうしたことを示す物語がアダム・カヘンによって語られています。それは長い内戦が終わった直後にガテマラで行われたダイアログでのことでした。そのダイアログには、ゲリラに肉親を殺された人もいれば、逆にゲリラの将校だった人も参加していました。当然のことながら、最初は激しい非難の応酬が支配的だったわけです。しかし、2日目になった時、ずっと黙っていたキリスト教の聖職者が口を開いてあるエピソードを紹介したのです。彼はある時埋葬の場に居合わせました。大量の遺骨の中にとても小さな骨が交じっていたので、「こんなに小さな子供まで犠牲になって……」と言ったところ、そこに居合わせた人が、それは胎児の骨だと告げたとのことです。その話を聞いて、ダイアログの参加者の間に沈黙が流れました。そして、参加者は自分たちが、何のために集まって話し合いを行っているのか、自分たちが望む社会はどんなものなのかについて深く理解したのだそうです。

このエピソードは、どんなに激しく対立し合っている人々でさえもが、共有可能な価値や目的を持っているのだということを雄弁に物語っているように思います。

俺たちハツカネズミみたいだ

ビジョン・ガテマラほど劇的なケースではありませんが、私（香取）も同様の経験をしたことがあります。

それはある大手通信会社の子会社の社長に就任して、しばらくたった時のことでした。経営幹部と一般社員を含む20名ほどで合宿をして、会社のミッションやビジョンについて話し合っていたのです。

その会社はマーケティングの企画会社でした。ただ、相次ぐコンペによる価格競争で社員が疲弊していたのです。忙しすぎて付加価値の高い商品開発にも手がまわらない状況でした。

一方、これまでに何度か社長が代わって、その都度経営方針の変更があったため、経営陣に対する不信感もありました。ですから新しい社長が就任して、ビジョンを作ろうと呼びかけても素直に同調する気持ちにはなれなかったのだろうと思います。

しかし、「オープンに話し、オープンに聴く」というダイアログの考え方を伝えて、辛抱強くダイアログによる話し合いを続けました。すると初日の終わりに近づいた頃、ある社員が「俺たちハツカネズミみたいだ」と言ったのです。やり方を変えずに同じ仕事をやり続けている自分たちの姿をそう表現したのだと思います。一瞬、短い沈黙の時間が流れたように記憶しています。そして、皆が大きくうなずきました。その瞬間、私たちは自分たちが何を望んでいるのかを共有したのです。

2日間の合宿が終わった時に、私たちは自分たちのミッションをステートメントとしてまとめていました。その後、合宿を終えてから全組織を巻き込んだ半年におよぶ熱心な話し合いを経てビジョンとバリュー、経営戦略ができあがりました。

ホールシステム・アプローチでは、こうして共通価値を発見している

こうした集団的な気づきを得るために、ホールシステム・アプローチではさまざまな工夫がなされています。

ダイアログでは、自分の立場や見解に固執することなく、オープンに話し、オープンに聴くことを通じて、お互いの考えや行動の背後にあるものを探究していきます。

ワールド・カフェでは、テーブルごとのメンバーを変えながらアイデアを交換し、つなぎあわせていきます。そして、共通の意味が立ち上がってくる様子に耳を澄ませるのです。

フューチャーサーチでは、理想的な未来についての寸劇を演じた後に、そこに流れているコモングラウンド（共通の拠《よ》り所）は何かについて話し合います。そして合意できたものを「コモングラウンド」とし、それに基づいたアクションを考えるのです。

ＡＩでは、過去の最高の体験を語り合うことを通じて「ポジティブコア」を見いだしていきます。これは組織や個人が持っている共通の価値であったり、強みだったりします。

これを発見し共有することにより、皆が実現したいと思っている理想の未来を思い描いていきます。

このようにホールシステム・アプローチではいずれの手法においても、参加者がそれぞれの違いを超えて共有できるものを探そうとしているところに共通点があります。それは、価値かもしれませんし、ありたい姿、望んでいること、ビジョン、自分たちのアイデンティティ、ミッションなどさまざまな形をとります。しかし、いずれの場合も、自分たちが協働して行動を起こすための共通の拠り所を求めているのです。

第8章

右脳を働かせて、ありたい姿をイメージする

～未来が出現する～

ロジカルシンキングだけでは、未来は描けない

すでに述べたように、心の底から納得して行動することができる状態を作り出すことが、ホールシステム・アプローチの目的です。自分たちは何者なのか、真に望んでいることは何かを見つけ出して共有することによって、自分たちの未来を創造するのです。

しかし、「断絶の時代」と形容されるほどに急激な環境変化のまっただ中にあっては、過去の延長線上や、現状分析の結果からは、自分たちが真に望んでいる未来の姿を見つけ出すことはできません。自分たちの進むべき方向性が、どこかに客観的な真実としてあるのではないかと思いがちです。実はそれは私たちの心の奥にあるのです。しかし、それは社会的な常識やあるべき姿として考えられていることによって覆い隠されてしまっています。やっかいなことに、それは論理的な思考として組み込まれているので、それを自分自身だと思い込んでしまっているのです。ですから、論理的な覆いを取り除く必要があるわけで、そのためには、五感を最大限に活用したアプローチが求められるのです。

未来を描く時、他の人の感情や価値観を感じてつながることで、全体性を全員で受け止

めることが大切です。この能力は、ロジカルシンキングではなく、直感や共感から生まれます。左脳でなくて右脳なのです。

五感を総動員して未来を描く

右脳の働きを活用してあるべき方向性を感じ取り、つかみ取ろうとする考え方が広がりをみせつつある中で、五感を総動員する会議に対する関心が高まりつつあります。そして、そのためのさまざまな手法も開発され、実際に使われるようになりました。

こうした手法の一例としては、ＡＩ（アプリシエイティブ・インクワイアリ）におけるＡＩインタビューとポジティブコアの可視化のプロセスがあります。このプロセスでは、まず、ＡＩインタビューを行うことにより、個人と組織の強みや価値が込められているストーリー（物語）を好奇心をもって受け止めて、判断を保留し、聞きます。

次に、ＡＩインタビューの結果、出てきたポジティブコアを模造紙などを使って、絵やオブジェで表現するグループワークを行います。この作業では、参加者がポジティブコアに基づいて、私たちの可能性がもっとも活かされている状態をオブジェで作るわけです。

しかし実はお互いに話し合いながら手を動かして作成することに意味があります。なぜならば、この作業を通じて、五感が総動員されるからなのです。分析的な思考では、固定観念、過去の成功体験、現在の制約条件に引っ張られてしまい、全体像がつかめなくなりますから、このように五感を活用することにより、全体像を皆で共有することが可能になります。

この他、AIやフューチャーサーチでは、インプロ（即興劇）が組み込まれています。理想的な未来を思い描くだけでなく、それを全員で実際に演じてみることにより、望んでいる未来の姿を内在化することに意味があるのです。ここにも五感を活用する発想が採用されているのです。

フューチャーサーチは、2泊3日の日程で実施することになっています。この「2回寝る」ことが重要なのだと言われています。なぜならば、取り組んでいる作業を未完成のまま中断させることにより、夜寝ている時間にも無意識に考え続けてもらうことを意図しているからなのです。脳科学者の茂木健一郎氏も、眠ることが脳を活性化させ、創造性開発にも貢献するのだと指摘していることからも、フューチャーサーチで採用されている手法の合理性が理解できると思います。

右脳を働かせるさまざまな方法とは？

人間の右脳と左脳はそれぞれが異なる働きをしていると言われています。これについてダニエル・ピンクは著書『ハイコンセプト』の中で次のように説明しています。

〝左脳は、連続性のある物事の認識や、動作の順序をコントロールすることを得意としている。左脳は、一続きになった一連の動作を制御する時にも活動する。連続性のある活動の例は、読む、書く、理解する、書くなどの言語活動である。

対照的に右脳は、ＡＢＣＤＥという文字を１つの連続したものとして連続に扱うことはしない。右脳が理解するのは、複数の物事を同時に理解することである。右脳は多くのものを１度に見る、幾何学的な形のそれぞれの部分を見て全体的な形状を把握する、ある状況におけるようすをすべて見てその意味を理解する、などの活動を専門的に扱う。この能力を持つお陰で人間はコンピュータに対する優位性を保つことができる。左脳は文を、右脳は、コンテキスト（文脈、背景情報）の処理を得意とする。左脳は逐次的に処理し、右脳は全体的に瞬時に処理する。左脳は詳細を分析し、右脳は大きな全体像をとらえる。〟(『ハイコンセプト』ダニエル・ピンク著、大前研一訳)

これまでの会議の進め方は、問題解決のためにできるだけ多くのアイデアを出して、それを分類整理した後、いくつかのアイデアに絞り込み、あらかじめ合意した評価基準に照らして、最善のアイデアを選び取るというプロセスが取られてきました。これは論理的な積み上げで結論を導き出そうとするもので、「左脳による問題解決」だと言えます。

これに対してホールシステム・アプローチでは、こうした論理的な積み上げよりは、参加者の直感を大切にする傾向があります。このため、右脳の働きを十二分に活用する方法が取られています。

具体的には瞑想《めいそう》や座禅のような静的なものもあれば、インプロ(即興劇)を行うことや、スケッチブックに絵を描くこと、さまざまな野外活動を行うことなどがあります。グループの組み替えを行ったり、壁に貼った模造紙にポストイットを貼ったり、手を動かして並び替えをしたりすることも、体を動かすことにより右脳を刺激しようという意図があるからなのです。

この他、ファシリテーション・グラフィックスやマインド・マッピング、粘土細工などを活用して、集合的な気づきを可視化することも行われています。

左脳を使って対象を分析的に見るだけではなく、全体性を感じ取ることも重要です。オットー・シャーマーは、出現する未来を集合的に感得するための方法として「Uプロセス」を提唱しています。Uプロセスでは、根源的な問いを立てて、ダイアログを重ねながら、論理的に考えるだけではなく、出現する場を感じ取ることにより集合的な気づきを得ることを目指しています。

右脳でイメージしたものを言語化する

理想的な未来の姿を寸劇にしたり絵に描いたり、粘土細工で表現することは、豊かな意味が込められたイメージとして伝えるためには極めて有効な方法です。

しかし、こうしたイメージだけでは、具体的なアクション・プランを作成するなどの展開力は生まれません。実行を伴うプラン作りのためには、言葉に落とすことが極めて重要なのです。

ＡＩ（アプリシエイティブ・インクワイアリ）では、ポジティブコアが最高に発揮された時の、ありたい未来像を寸劇や模型で表現します。その後、寸劇の中でどのようなビジョンが描かれていたかについてグループでダイアログします。そして、目指したい姿の宣言文（私たちの夢を実現し、現実的に達成したい状態を達成するために、職場を具体的にどう変えたいかについてメンバーを喚起させる声明文）を作ります。これは、イメージで何が表現されているかを考え、言葉にすることで、各人がどのような思い、志を持っているのか、現実としてどんな状態を実現したいのか、そのためにどのようなことに取り組んでいきたいのかを、その背景とともに共有していくための作業なのです。

このようにイメージ（言葉になっていないもの）だけでなく、言葉を使って未来を生き生きと描くことは極めて重要です。右脳でイメージするだけでなくて、言葉に落とすことで、イメージをもとにしながら、未来の具体的な姿を描くことができるからです。

目指したい姿を宣言文として書き表す場合には、ポジティブコアを活かして、革新的で、挑戦的な内容にすることにより、参加者の前向きな姿勢を引き出せるように工夫することが大切です。本当に皆が望んでいるものを肯定的な言葉で描くのです。

第9章

自律的なプロセスがアクションを生み出す

～主体性を発揮する～

自主的に参加する

ホールシステム・アプローチによるワークショップを成功させるためには、人や組織が本来持っている自己組織化能力が最大限に発揮されるように会議を企画し、運営することが大切です。

それでは、自己組織化はどのようにしたら発揮されるのでしょうか？

そのためには次の４つのポイントが重要です。

(1) 自主的に参加する
(2) 自分ごととして取り組む
(3) 自律的に会議を運営する
(4) 手作り感を大切にする

このうち「自主的に参加する」ということについて考えてみましょう。

当然のことですが、人は自らが進んで考えたり行動したりすることによって、自分の能力を最大限に引き出すことが可能になるのです。これに対して強制的に参加させられた場合には、受動的な行動となり、真剣に話し合いに参加することは期待できません。

ですから、ホールシステム・アプローチによるワークショップを開催する場合には、自由参加が原則です。そこで会議を招集するに当たっての「招待状」の役割が極めて重要になります。招待状には次のような内容を盛り込んで、参加者が参加したくなるようにすることが大切です。

(1) 会議を開催することになった背景
(2) 会議の目的
(3) 会議が終わった時にどのような状態になることを目指しているのか
(4) どのような人が参加する予定か
(5) 招待状を受け取った人は、なぜ会議に参加することが求められているのか
(6) 開催日時
(7) 開催場所
(8) 服装

「自分ごと」として取り組む

自己組織化能力を引き出すために重要な2つ目のポイントは、「自分ごと」として取り組んでもらうということです。

日頃、ファシリテーションの手法を学ぶワークショップに参加する機会があり、そこで取り組んでいる課題に現実味が感じられなくて居心地の悪さを感じることがしばしばあります。これは、話し合いの内容と自分が現実に直面している課題とが乖離《かいり》していると感じるからなのです。自分が直面しているリアルな課題に取り組まないかぎり、本当の意味での学びが得られることはないのです。

ですから、ホールシステム・アプローチのテーマは、参加者が真に解決したいと考えるテーマや、自らの問題や関心事として捉えてもらえるテーマにすることが大切です。

ホールシステム・アプローチでは、話し合いのテーマは「問い」という形で提示されることが多く、ワールド・カフェではこうした問いを「questions that matter (大切な問い)」

とか「compelling questions（どうしても話し合いたい問い）」と呼んで、そうした問いについて話し合うことが重要なのだと述べています。

私（香取）が毎年参加しているペガサス・カンファレンスという学習する組織に関する会議で、何年か前にこんなことがありました。その日はピーター・センゲがキーノート・スピーカーとして登壇し、相互依存関係がますます複雑性を増し、その範囲が広がりつつあるという趣旨のことを話していました。そしてひと通り相互依存関係という概念について、いくつかの事例を挙げながら説明した後に、突然参加者に問いを投げかけたのです。

それは「あなたは誰に依存して生活していますか？　あなたは誰に影響を与えていますか？」という問いでした。そして私たち参加者は近くに座っている数人の人々と、この問いについて話し合いました。

すると、それまでは一般論として漠然《ばくぜん》と理解していたことが、突如「自分ごと」に変わり、リアリティを持って考えることができるようになったのです。

このように、ホールシステム・アプローチでは、参加者が「自分ごと」として取り組んでもらえるようなテーマを選ぶことが極めて大切なのです。

自律的に会議を運営する

自己組織化能力を最大限に発揮してもらおうとするのがホールシステム・アプローチの狙《ねら》いですから、会議の運営に当たっては極力コントロールを排して自律的な運営をしてもらうようにします。

したがってホールシステム・アプローチの場合、ファシリテーターは、事前の準備段階ではクライアントと協力してプロセスの設計に積極的に貢献します。実際に会議が始まると、「立っているだけで、何もしない」状態となり、タイムキーパーとしてプロセスを進めさせることや、場をホールドすることだけが重要な役割となるのです。

フューチャーサーチでは、参加者がさまざまな組み合わせでグループを組んで話し合いを行う機会が多くあります。そうした場合、各グループは、司会進行役、記録係、報告係、タイムキーパーなどの役割を自分たちで決めて自律的に運営することが奨励されています。

また、OST（オープンスペース・テクノロジー）という手法を用いて話し合いを行う場合には、参加者がどのようなグループを組んで、どのようなテーマについて、どの程度の時間をかけて話し合うかなどのすべてを参加者自身が自主的に決めるというプロセスになっています。

さらに、初めてＯＳＴに参加した人が驚くのは、参加を表明した分科会であっても、自分の関心と合致していないと感じたり、自分が貢献できる可能性が少ないと思ったら、いつでも別の分科会に行ってもよいと言われることです。

また、そもそもどの分科会にも参加しないで、コーヒーを飲みながら休憩していてもよいのです。

このような自律的な会議の運営は、これまでのやり方に慣れ親しんできた人々から見ると、参加者が無責任な行動をとって収拾がつかなくなってしまうのではないかと考えて、不安になるかもしれません。

しかし、すべての人は主体性、情熱、創造性を持っているのだと信じることにより、それまでさまざまな制約によって閉じ込められていた能力が解放され、これまでに予想できなかったような創造性が発揮されるのです。

手作り感を大切にする

手作り感を大切にすることは、自己組織化能力を発揮させることと、どのように関係してくるのでしょうか?

手作り感を演出する方法としては、パワーポイントなどで作成した資料を極力使わずに、手書きの資料や掲示物などを使うことが含まれます。そうすることによって、すべてがあらかじめ決められていて、プロセスが管理されているのではないという印象を与えることができます。

手作り感を感じることのできる場作りをすることにより、遊び心が刺激されます。革新的なブレークスルーは、必ずしも論理的な積み上げによって可能になるものではありません。これまでにない新しいアイデアは、右脳の働きによってもたらされることが多いのです。

OSTでは、「タイム・スペース・マトリックス」(141ページ参照)という表が用意されていて、それを使って参加者はアジェンダとスケジュールを自主的に決めることにな

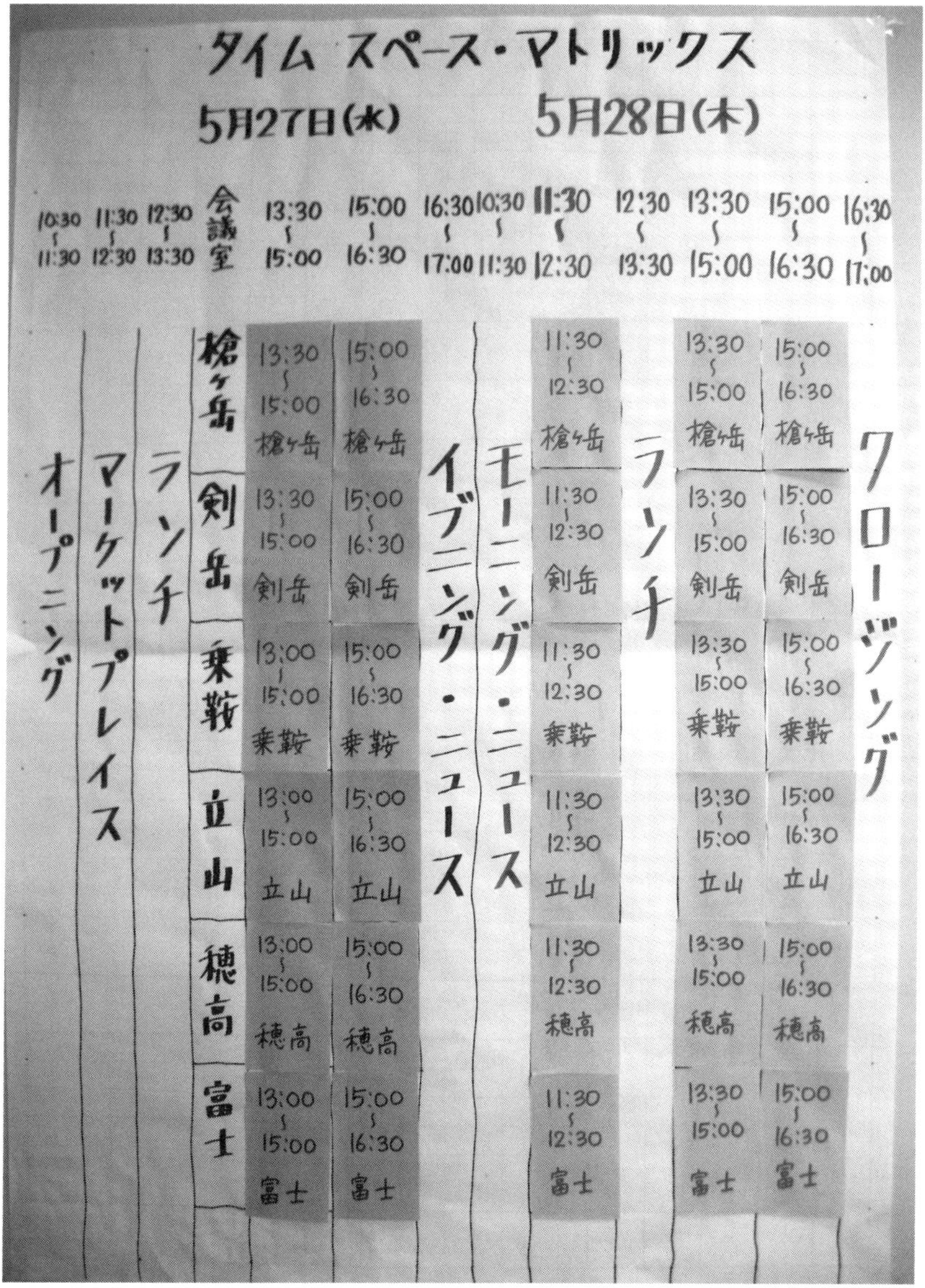
タイム スペース・マトリックス
5月27日(水)
5月28日(木)
10:30～11:30
11:30～12:30
12:30～13:30
会議室
13:30～15:00
15:00～16:30
16:30～17:00
10:30～11:30
11:30～12:30
12:30～13:30
13:30～15:00
15:00～16:30
16:30～17:00
オープニング
マーケットプレイス
ランチ
イブニング・ニュース
モーニング・ニュース
ランチ
クロージング
槍ヶ岳
剣岳
乗鞍
立山
穂高
富士

っています。この表は時間枠と会議室を示しているのですが、この表は手書きでわざと線が少しゆがんでいる感じで作成することが望ましいとされています。これは、そもそもスケジュールの枠組みが、あらかじめきっちりと決められたものではないのだという印象を、参加者に与えるためなのです。

ワールド・カフェでは、テーブルの上に置いた模造紙の上に花瓶に活けた一輪挿《ざ》しの花を置きます。OSTでは、輪になって椅子に座っている時、真ん中には枝木が置かれることがあります。これらの演出は、企画運営チームが話し合ってさまざまに工夫して考えた結果なのです。わざと不完全な状況を作り出して、それに気づいた参加者が完成させる余地を残しておくこともあります。

テーマに関連したものを何か持ってくるように事前に参加者に依頼しておいて、当日それを会場に展示することもあります。同様に、事前に簡単なアンケートに記入して、当日持参するように頼んでおき、それを掲示するという方法もよく行われています。

このような手作り感覚の感じられる場をデザインすることによって、参加者の主体性を引き出し、創造意欲を刺激することができるのです。

第10章

決めようとしなくても決まる

～自己組織化のエネルギーを信じる～

組織は生命体である

序章で述べたように、最近になって組織や人の集まりを生命体として見ようとする動きが広がってきています。この本で紹介しているさまざまなホールシステム・アプローチの手法は、いずれも組織が生命体であることを前提にしており、生命体が持つ「自己組織化能力」を発揮できるような工夫がなされているのです。

組織を機械として見る見方をすると、組織は誰かによって所有される存在であり、従業員は株主や経営者などのために最大限の利益を生み出すために存在することになります。また、その行動はマネジメントによって与えられる目標や意思決定に対して受動的に反応することになります。機械論的世界観のもとでは、従業員は「人的資源」であり、使われる存在です。このことは「人材」を「人財」と言い換えても変わりません。そして組織は誰かに強制的に変えさせられることによってのみ変わるのです。

これに対して組織を生命体として見ると、組織は自分自身が所有者であり、他から与えられるのではない自らの内在的な目的も持っています。また生命体である組織は、外部の誰かによって作られるのではなく、自分自身の内的なプロセスによって自らを作るのであり、自らの目的を達成するために自律的に行動する主体なのです。

コントロールしようとするとうまくいかない

組織を機械と見る見方をする人は、組織を外からコントロールできると考えています。優れた能力のあるリーダーや一部の戦略スタッフが戦略を立案して、組織の構成員をそれに従わせることが、もっとも効率的で正しい意思決定と執行の方法だと考えています。

しかし、毎日の仕事の中でお気づきのように、組織はそう簡単には動きません。組織は強く押せば必ずその反作用が働きます。ですから自分だけが変わらずに組織を変えることはできないのです。

学習する組織の中心的な考え方であるシステム思考では、目前の問題に対して直線的な因果関係を考えることはしません。その問題が他の要素とつながっていることを認識することで、システム全体の問題の複雑なつながりが見えてきます。

システム思考では、日常的によく遭遇するいくつかのパターンをシステム原型として紹

問題の取り違え

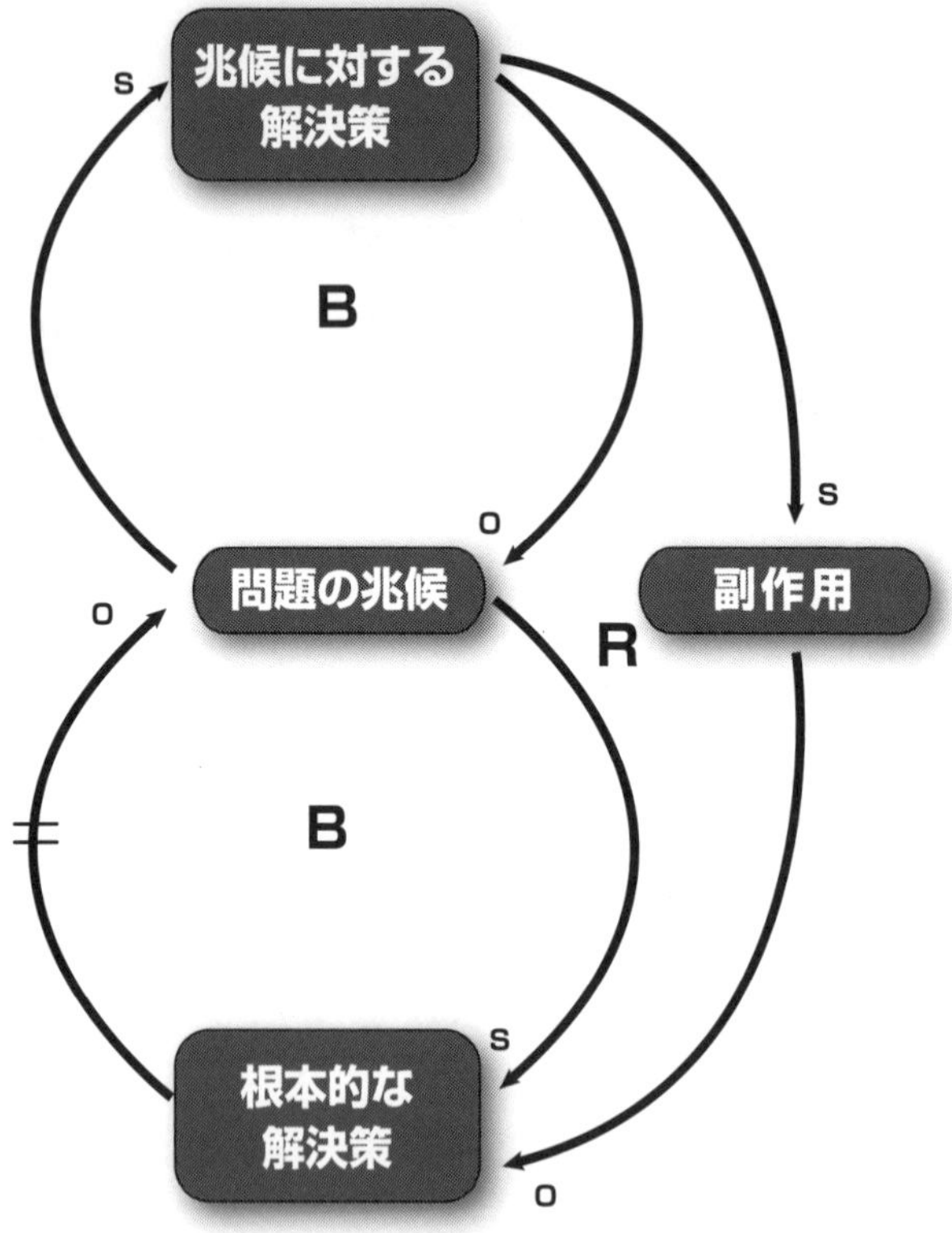

問題の兆候が出ると、それに対する根本的な解決策を講じることなく、短期的な解決策を行ってしまう。なぜならば、根本的な解決策の効果が出るまでには、時間がかかるからである。しかし、その結果、問題は再び生じ、同じ対応をすることにより、事態はますます悪化する。

意図しなかった結果による失敗

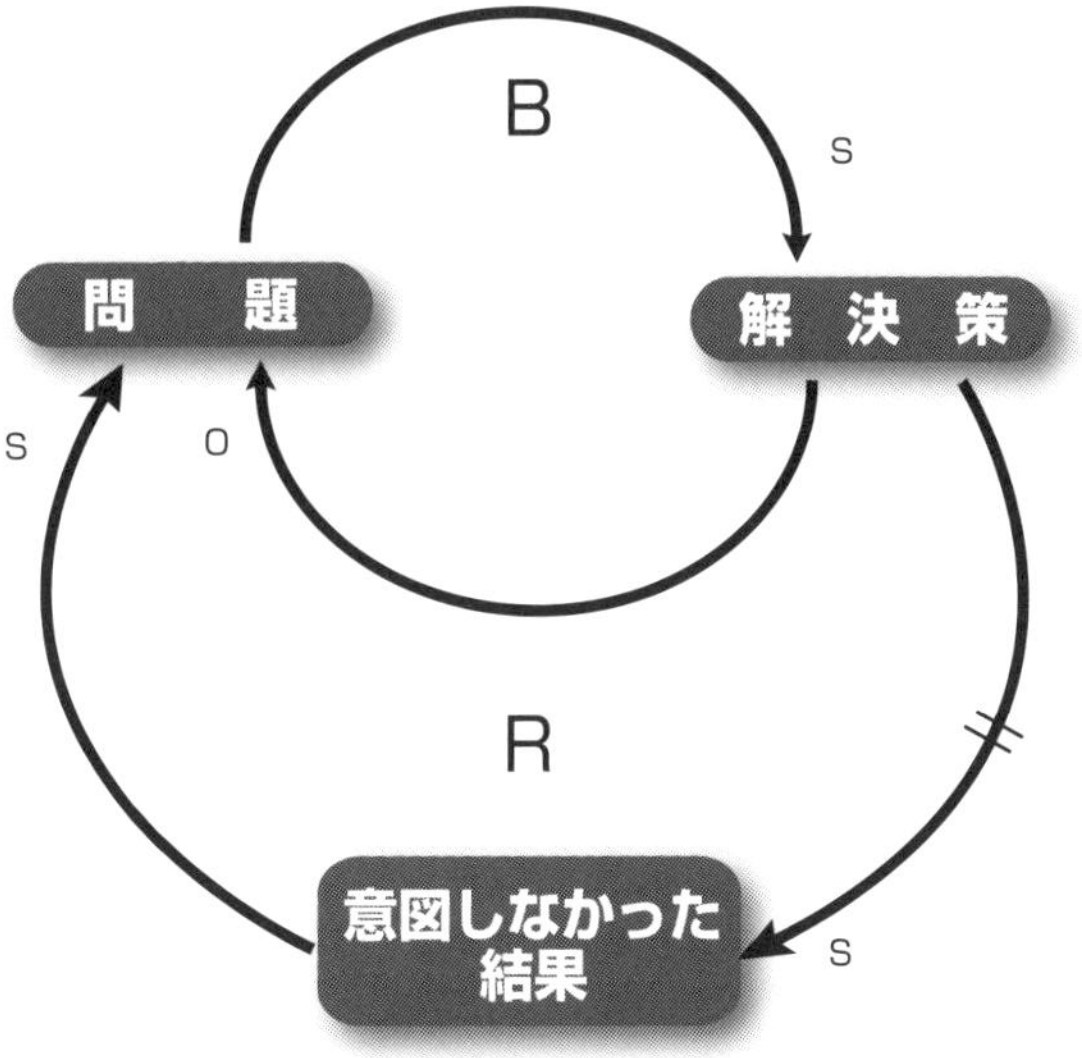

問題が生じたので解決策を講じる。しかし、その後この解決策が意図しなかった結果の原因となり、再び問題を生じさせる。

介しています。その中には、〝問題の取り違え〟、〝意図しなかった結果による失敗〟が含まれています。これらのシステム図は、目前の問題だけをコントロールしようとしても、時間の経過を経て、副作用や意図しない結果が生じてしまい根本的な解決策に至らないことを示しています。

　このように、自分がシステムの外にいて、コントロールすることによってシステムを変えようとする試みはうまくいきません。自分がシステムの一部であることに気づき、システム全体のつながりを理解できなければ、対症療法や応急処置を繰り返すだけで、その問題を解決することはできないのです。このことをシステム思考では「自分が問題の一部でなければ、その問題を解決することはできない」と言います。

対症療法や応急処置を短期的な視点で常に選んでいるあなた自身が問題を作り出している一部であることを、システム全体の中で理解することが極めて重要です。それがわかれば、目前の問題に短期的なコントロールだけで対処することを手放すことができるようになります。

コントロールを手放す

思い切ってコントロールを手放してみると、組織に本来的に備わっている自己組織化能力が発揮され、自律的に解決策やアイデアを生み出す力が、組織の中から生まれてくるのです。人は自分で決めて、考えて、作り出したものしか自ら進んで実行しようとはしないものです。ですから自律的に考えたことは、放っておいても実行されるのです。

組織を生命体だと考えるリーダーやファシリテーターは、組織が持っている創造性、貢献意欲、自己組織化能力に絶対的な信頼をおいています。そしてコントロールを手放して、安全な場作りに力を注ぎます。

ホールシステム・アプローチにおいては、無理にコンテンツをコントロールしようとしたり、無理やり結論を出そうとはしません。ホールシステム・アプローチは、参加者の自主性を引き出して自己組織化能力を最大に発揮させようとする会議運営の方法なのです。

その結果、参加者は自らが、もっとも重要で、大切だと考える課題に主体的に取り組み、腹の底から実現したい状態を思い描き、自ら進んで実現に向けて行動しようとします。ホールシステム・アプローチでは、早急に結論を求めることはしません。ましてや、落としどころ（結論）を前もって決めることもありません。

決めようとしていないのに、結果として決まってしまう

ホールシステム・アプローチは、決めることを目的にした会議ではもともとありません。それなのに、結果として決まってしまうのです。

人はそもそも主体性と創造性を持っていると信じて、ホールシステム・アプローチのプロセスは設計されています。参加者にも無理やり参加させられた人はいません。ホールシステム・アプローチの問いに関心を持ち、出席して組織や自分の未来を仲間と話し合いたいから参加しているのです。ホールシステム・アプローチの準備期間からしてすでに、コントロールという発想がありません。無理やり説得されることがなく、嫌ならいつでも止めていいのです。押し付けられたテーマや問いはそもそもありません。ホールシステム・アプローチのプロセスの中で、自分たちの強みや可能性が引き出されて、それに基づいてありたい姿を描いていきます。参加者の主体性を引き出して相乗効果をもたらし、自己組織化能力を最大に発揮させるので、共創が起こり一体となる場が形成されて独自性の高い価値創造が可能になります。

決めることを強制されていなくても、自分が仲間と話したくてしかたなかった問いを選んで、自分で仲間と心を開いて、可能性と強みをもとに描いたありたい姿、そのアクションプランを決定事項として受け入れやすいのは自然なことです。

ホールシステム・アプローチでは、決まるべくして決まってしまうのです。

付章

ホールシステム・アプローチの実践事例

ホールシステム・アプローチの実践事例

1回限りのホールシステム・アプローチを使ったワークショップ、たとえば、ワールド・カフェを一度イベント的に開催してもめざましい効果が出ません。

今では、私たちは、ホールシステム・アプローチの効果を高めるために、「イベントではなくプロセスとして展開する」という考え方を大切にしています。「イベント」とは1回限りの出来事としてのワークショップを指します。「プロセス」とは、目的達成のために、いくつかのイベントを組み合わせて展開していくことを意味しています。

本書に実践事例を掲載するに当たり、ホールシステム・アプローチのワークショップを組み入れて組織や地域の変革をプロセスとして展開している企業、自治体、業界と海外の4つの事例を取り上げました。

1．意識改革・行動改革・風土改革により企業文化を創造する

エム・ユー・フロンティア債権回収株式会社（MUFR）のケース

三菱東京UFJ銀行の関連会社であるエム・ユー・フロンティア債権回収株式会社は、社長のリーダーシップのもと、『業務改革・BPR』を3年かけて進めてきました。

2012年1月末の時点で社内では以下のような問題意識を共有していました。

・ここ3年、業務改革・BPRにより組織や制度の枠組みが近代組織化したものの、社員の多くは意識の中に前例踏襲や馴れ合いから抜け出せず、改革された新組織や新制度に沿った行動が今一歩取れていない。すなわち、新しい枠組みの魂が全社員にまで浸透してない状態にある。

・組織が銀行、ノンバンクからの転籍者、中途採用人材かつ一般職員、嘱託社員、パートや派遣人材といった、過去育った土壌がそれぞれ異なり、かつ雇用形態が異なる多種多

様なメンバーで構成されているため、阿吽《あうん》の呼吸では意思疎通できず、改革の意味を踏まえ、一体となった行動が取れるような組織になるには時間がかかる。

また、大阪地区総括の専務取締役である岡本健さんは、以下のような問題意識がありました。

大阪地区の事務所は開設以来、長堀と阿倍野の2カ所に事務所があったため、2011年に1年かけて長堀事業所と阿倍野事業所を瓦町ビルへ大阪事業所として統合しました。三菱東京UFJ銀行からの委託部門、銀行外からの委託部門や自社買取債権部門、コールセンター部門など8部門2センターを1つの事業所に集結しました。物理的に統合したものの、上記問題意識を解決するための組織への働きかけの必要性を感じていました。

一気に組織の形態はできたとはいえ、人の気持ちも能力も十分についてきたとはいえませんでした。また同じベクトルを向いて協力し合うことは思うようにいっていませんでした。債権回収の仕事を万全の状態で終わらせても顧客から喜ばれることは多くはありません。働きがいを見いだすことが難しい状況の中で働きがいを見つけていく必要がありました。

このような状況の中で、組織制度改革に引き続いて取り組むことになった『意識改革・

行動改革・風土改革』で多様なかつ異文化で育った社員が心を1つにして仕事を協働できるチーム型の組織を目指すことになりました。

岡本さんは2007年12月に三菱東京UFJ銀行からエム・ユー・フロンティア債権回収株式会社に転籍し、社長や経営スタッフとともに業務改革・BPRを進めてきました。

今回の一連の組織変革の最終仕上げである『意識改革・行動改革・風土改革』において、岡本さんが自らに課したミッションは個々人の内側からモチベーションを上げる仕組みと文化を創ることでした。そのためにお互いが十分コミュニケーションをとり、助け合い、学び合うチーム型の組織を創ろうと考えました。

瓦町ビルへ移転統合してすぐに岡本さんが取り組み始めたことは以下のようなことでした。

・全体朝礼の実施　2011年11月～

毎週月曜日は12階フロア、毎週火曜日は8階と7階フロアの全員に集まってもらい朝礼を実施。全員の情報共有の場としてスケジュール確認や方針・施策の連絡や好事例や失敗事例の紹介を行いました。岡本さんの想いを伝えるコーナーを設け、経営からの心構えや考え方を直接メンバー全員に働きかける場としました。2年前に制定した行動指針を2項

MUFR行動指針

当社のすべての役職員は、経営理念を実践するため三菱UFJフィナンシャルグループ（MUFG）の一員として以下の行動を取ることを宣言します。

1．お客さまの立場を尊重し、健全な事業や生活を営むことに貢献します。

2．お客さまの話を聞き、丁寧な言葉で分かり易い話し方を心掛けます。

3．お客さまがお困りになって相談されてきたときは、親身になって応対します。

4．法令やルールを遵守し、誠実かつ公正に義務を遂行します。

5．業務上知りえた情報については厳格に扱います。

6．知識の習得やスキルアップに努め、責任をもって仕事に取り組みます。

7．一人ひとりがプロとしての自覚を持つとともに、チームワークを発揮します。

8．新しい仕事、新しいサービスにチャレンジします。

9．私たちはお互いを理解し、仕事のパートナーとして尊重し合います。

10．「挨拶」「感謝」「報・連・相」を通じてコミュニケーションを大切にします。

目ずつ唱和して週初めのスタートとしました。

・部長会、次長会を設置、毎月定例開催　２０１１年11月〜

従来、２つの事業所でそれぞれ部次長会として連絡会を行っていたが、部長グループ、次長グループの階層別に分離。会議内容も事前課題テーマによる発表方式を導入、問題意識と具体策を意見交換する場としました。

〈瓦町塾〉

さらに、２０１２年2月から瓦町塾を立ち上げました。瓦町塾は組織横断的な実務研鑽《けんさん》の場として塾のスタイルをとる相互勉強会で、月例開催として「知恵の泉プロジェクト」と「任売・競売プロ養成道場」の２つの塾を始めました。

・「知恵の泉プロジェクト」は、回収実務で直面した弁護士相談事案をケース別に蓄積・分類し、毎月4ケースを挙げ、各部から選出メンバー10名程度と弁護士によりケーススタディを行います。もちろん、弁護士からの法的解説や応用事例や判例の紹介も受ける。2月から7月まで5回開催、すでに20ケース摘出、研鑽の資産となっています。また、選出メンバーは各部でケーススタディを担当全員に展開しています。

・「任売・競売プロ養成道場」は、任売・競売業務を担うメンバーを各部から募り、経験豊富な師範代（部長クラス）の指導のもと即実戦に役立つ事例を選び、ケーススタディとするとともに、回収手法のノウハウ検討や不動産情報の共有も行います。3月から開始し、7月までに5回開催。中途入社の新人メンバーも入り、組織横断的な教育の場となっています。

上記の2つの塾以外にスポット的にテーマを取り上げた形での塾も開催しています。コールセンター部門が昨年に開催した優秀オペレーターのコンテスト「コールカップ2011」DVDビデオを視聴する会を5月に実施しました。部門を超えて、事業所71名のメンバーが電話応対の好事例を視聴、自己研鑽の場としました。

瓦町塾任売・競売プロ養成道場でのワークショップ風景

これらのワークショップは、どれも8つの部署がそれぞれ勉強の材料であるケースを持ち寄るので8倍の効果を参加者は実感することができました。

この瓦町塾で、8部門がバラバラであったのが横のつながりを作り、目標は1つであるという意識を持つことができました。同じ仕事を頑張っているという横の連帯感も生まれてきました。

瓦町塾と並行して岡本さんが次に取り組んだのが、2012年4月から始めた12名の部長と12名の次長が別々に参加するワールド・カフェ形式の『塾長ワークショップ』でした。対話型意見交換会という名目ですが、進め方のスタイルはワールド・カフェそのものでした。

第1回　ワールド・カフェ開催　2012年4月

【開催目的】

「企業カルチャー創造に向けて～意識改革・行動改革・風土改革～」をテーマに掲げ、部長層、次長層が同一認識のもと改革運動を進め、行動を具体化するために実施しました。

【プロセス】

ただし、部次長は多忙なため長時間の会議出席が難しいので、1回1時間、4月から3回にわけてシリーズで行いました。

ワールド・カフェの問いを事前に宿題を課し、1ラウンド15分、3ラウンドとまとめ、振り返りを行い、全体を1時間のパッケージとしました。まず4月実施の第1回目の問いは「どんな組織風土が当社のカルチャーとしてありたいですか」です。12名3グループでそれぞれありたい姿をイメージし、対話を重ねつつ、まとめてもらいました。

5月実施に向けて次の問いは「ありたい姿を実現するための具体策を語ろう！」としました。5月には部長や次長が実際に4月にイメージしたありたい姿の実現に向けて具体策

部長会議でのワールド・カフェ風景

を数多く出してくれました。3ラウンドとまとめ、振り返り、全体を1時間で行いました。

6月実施に向けての問いは「具体策はこの1カ月でどれだけ進みましたか!」でした。

6月は5月にグループごとに提案された具体策の実行状況の確認の場とし、実施したことの経緯、成果、うまく行ったこと、行かなかったことについて話し合い、全体シェアを行いました。

毎回終了後、ワールド・カフェで出た内容は12人の部長からのものと12人の次長からのものを相互フィードバックしました。


【成果、効果、感想】

・部長グループと次長グループでそれぞれ3回、合計6回ワールド・カフェを重ねたことになりました。イベントとして単発的に行うのではなく、シリーズとして連綿と行い、ワールド・カフェでのアウトプットが日々の業務活動にじっくり浸透しました。
・別々の部署で働いている部長や次長が協力して組織の在り方、活動内容と実践結果を話し合う中で、共有するありたい姿実現に向け、目標に向かうチームになりました。
・3回終了したところで、もう一度7月に行おうという意見が出るほど意欲的になりました。部長グループ、次長グループとも3カ月にわたり時間をおいたワールド・カフェを積み重ねることにより、対話の場が生まれ、相互に受け入れながら新しい道筋を生み出して行く機運が生まれ、次にはOSTを行えるような土壌が耕されたと手ごたえを感じています。

〈業務改善運動〉

2012年5月からは、全社意識改革・行動改革の一環として全社を挙げて業務改善運動が開始されました。

業務改善運動の現場の促進役としてアドバイザー制度が設置され、職員・嘱託の中から各職場単位に1名、全国48名、うち大阪事業所では11名がアドバイザーとして任命されました。

東名阪で本部経営企画部より説明会を開催予定との報を受け、説明会だけで終わるのではなく、具体化に向けてのキックオフとしたいとの想いからアドバイザー研修を申し出ました。「業務改善運動の心構えと行動の具体化について」というテーマで約3時間の意識研修を大阪、名古屋、東京の3拠点で実施しました。

研修は前半コーチングによるコミュニケーションスキル向上、後半はワールド・カフェによる行動の具体化を図りました。

コーチングの基本である傾聴についてブロッキングやペーシングの場面をロールプレイすることにより「積極的に聴く」ことの重要性を認識し、基本スキルを習得してもらいました。

後半は「対話による意見交換会」という説明でワールド・カフェを実施しました。

第2回　ワールド・カフェ開催　2012年5月

【開催目的】

そもそも業務改善運動はトップダウンではなく、ボトムアップの草の根運動です。ワールド・カフェで、アドバイザー同士の横のつながり、地域を超えたお互いの協力関係を作り、実践行動を協力して出し合うことでアドバイザーが動きやすい環境を作ろうとしました。

【プロセス】

まず、対話の意義について議論と対比しつつ、対話とはどんなスタンスで望むか、考え方を知ってもらいました。あとはグランドールに従って20分×3ラウンド、4人1組で行い、全体振り返りのセッションも含め、2時間のワールド・カフェを行いました。

問いは「業務改善アドバイザーとして、明日からできること、やれそうなこと」。この問いを事前課題として具体的に10個を考えてきてくださいとあらかじめ宿題を出しておきました。

最後に決意表明を行っていただきました。

主な内容は以下の通りでした。

・リーダーとしてやっていく方向が見えてきた。ボトムアップの取り組みを考えていきたい。

・通達1本で進める話ではないと思っていたが、業務改善アドバイザーの横のつながりもできて、良いキックオフになったと思う。

・研修日までは憂鬱《ゆううつ》だったが、研修に参加し、楽しく、有意義な時間だった。

・任命当初は所属長へ「辞退したい」と申し

ワールド・カフェ話し合いの風景

出たが、研修へ参加し、1人だけで進めることではないという、気持ちになれた。
・異動して間もないので、部全体がよくわからず、不安だったが、研修に参加してよかった。
・「答えは現場にある」と思う。具体化リストは話し合いの中で30件も出てきた。対話の意義を感じた。
・気持ちを強く持てた。意識改革へもつながるものだと感じている。
・具体的に何をすればよいのか不安だったが、イメージがつかめた。
・今日は活発な意見が出て良かった。
・今日考えたことを実行していきたい。

【変化と効果、成果】

企業内研修の良いところは案内を出した時点からメンバーへ課題を出し、研修時に考えるのではなく、事前にたっぷり考える時間がとれることです。一方、研修とは方法を教えてくれるものと考えていたメンバーからは戸惑いの声も事務局にあったようでした。コーチングの研修も含め、所要時間が3時間もかかったことでメンバーの皆さんは当惑していましたが、あっという間に時間が過ぎたと感じたほど楽しいものだったようでした。

アドバイザーとしての実践項目がグループごとに10個出ました。この結果、東名阪で12グループ組成されましたので重複はありますが、延べ120のアドバイザーの実践項目の具体化リストがアウトプットされました。

〈業務改善アドバイザーミーティング〉

2012年6月から、事業所の「業務改善運動を盛り上げていく」ことを目的とする業務改善アドバイザーミーティングを設置。メンバーは大阪地区総括の岡本さんと各部からのアドバイザー11名、毎月1回行いました。ミーティング内容は以下の通りでした。

大阪事業所全体の「業務改善運動」の4つの施策を紹介します。

(1) 取り組み策として①業務改善運動の情宣活動による意識づけと全社員への徹底 ②「サンクス・ポイント」制度の導入〜ゲーム感覚で盛り上げる仕組み

(2) 推進と活性化策として①業務改善案の洗い出しと吸い上げ②業務改善の取り組みのサポート③業務改善運動の推進状況の発表

(3) 提案内容の蓄積と共有化策として①大阪事業所共通のパソコンホルダーに保存、各部の業務改善のヒントにする

サンクスポイントシートの投入箱

全体振り返りの風景

(4) アドバイザーの相談、悩みを打ち明ける場をミーティングとして設ける

前述のサンクス・ポイント制度の導入は2012年6月からでした。業務改善運動には4部門の表彰があります。

①ゴールデングラブ賞～事務ミス・トラブルクレームなどの防止の提案、取り組み事例
②サポーター賞～同僚等に知識・ノウハウを教えた事例
③チーム・プレー賞～同僚等の仕事を助けた事例
④ナイス・プレー賞～委託者を含むお客様に感謝された事例

①ついては各部の部内会議やミーティング、担当者から収集できます。②～④についてはポイント制度にして社員会議からゲーム感覚で参加することにより事案の吸い上げを行いました。

仕組みは、サンクス・ポイントシートを「教えてもらった」「助けてもらった」人が作成、「感謝された」では、第一報の受診者が作成します。サンクス・ポイントシートを作成したらサンクス・ポイント投入箱に投函します。サンクス・ポイントは「サポーター賞」「チ

サンクス・ポイントシート

Thaks・Point Sheet

サンクス・ポイント

＜対象者～教えた・助けた人＞

日付　　年　月　日

＊　業務部名	業務部
＊　氏　名 (又は) 係　名	

さんにサンクス・ポイントを進呈します。

＊氏名はフルネームで、＊係名では、対象者全員をフルネームで記入してください。

＜ポイント・進呈項目＞　→　＊「該当項目の□枠内に○印をつけてください。」

□	① サポーター賞	知識やノウハウを教えて頂いた。
□	② チーム・プレー賞	仕事を助けて頂いた。
□	③ ナイス・プレー賞	委託者や債務者などから感謝された。

＜事例内容の記入欄＞　→　＊「簡潔にポイントを押さえて記入してください」(必須)

【注意事項】:＜事例内容の記入欄＞には、個人情報(債務者名など)は記入しないこと。但し、甲・乙・丙・・・、太郎・次郎・花子、A・B・Cなどは可とする。

作成者 (提出者)	業務部名	業務部
	氏　名	

＊氏名はフルネームで

＊「サンクス・ポイントシート」について＊

①本シート「サンクス・ポイントシート」は、“教えてもらった”“助けてもらった”人が作成してください。
　また、“ナイス・プレー賞”では、第一報の受信者が作成してください。
②「サンクス・ポイントシート」を作成したら「サンクス・ポイント投入箱」に投函してしてください。
③サンクス・ポイントは、「サポータ賞」、「チーム・プレー賞」、「ナイス・プレー賞」項目にポイントを付与します。
④サンクス・ポイントの獲得対象者は、“教えた”“助けた”人は勿論のこと、本シート「サンクスポイント・シート」を提出した人も対象となります。
⑤期間中、サンクス・ポイントの獲得優秀者を表彰します。

ーム・プレー賞」「ナイス・プレー賞」項目にポイント付与。サンクス・ポイントの獲得対象者は、本シート「サンクス・ポイント」を提出した申請者、および被進呈者の双方が対象。期間中、サンクス・ポイントの獲得優秀者を表彰します。サンクス・ポイントカードを全員が携帯し、シート提出ポイントと（教えた・助けた）ポイントの双方のポイントが付与され、ポイントを貯めた実績を個々人も見える化しました。毎週の集計結果からポイント判をアドバイザーが各人に押印します。

サンクス・ポイント制度も始めたばかりですが、7月に締めたところで360件を超えるサンクス・ポイントシートが提出され、延べ460人へポイントが進呈されています。地道な日々の積み上げが大事です。盛り上がりに手ごたえを感じています。

〈今後の展望：意識改革・行動改革・風土改革〉

意識改革・行動改革・風土改革はまだ道半ばですが、岡本さんは以下のように考えています。

・意識改革・行動改革・風土改革は緒についたばかりで、大阪事業所の統合、全社を上げての業務改善運動を契機として部次長や業務改善アドバイザーを巻き込み、全社員1人1人の草の根運動として取り組み、企業文化を創っていきたい。

大阪事業所の内部管理体制図

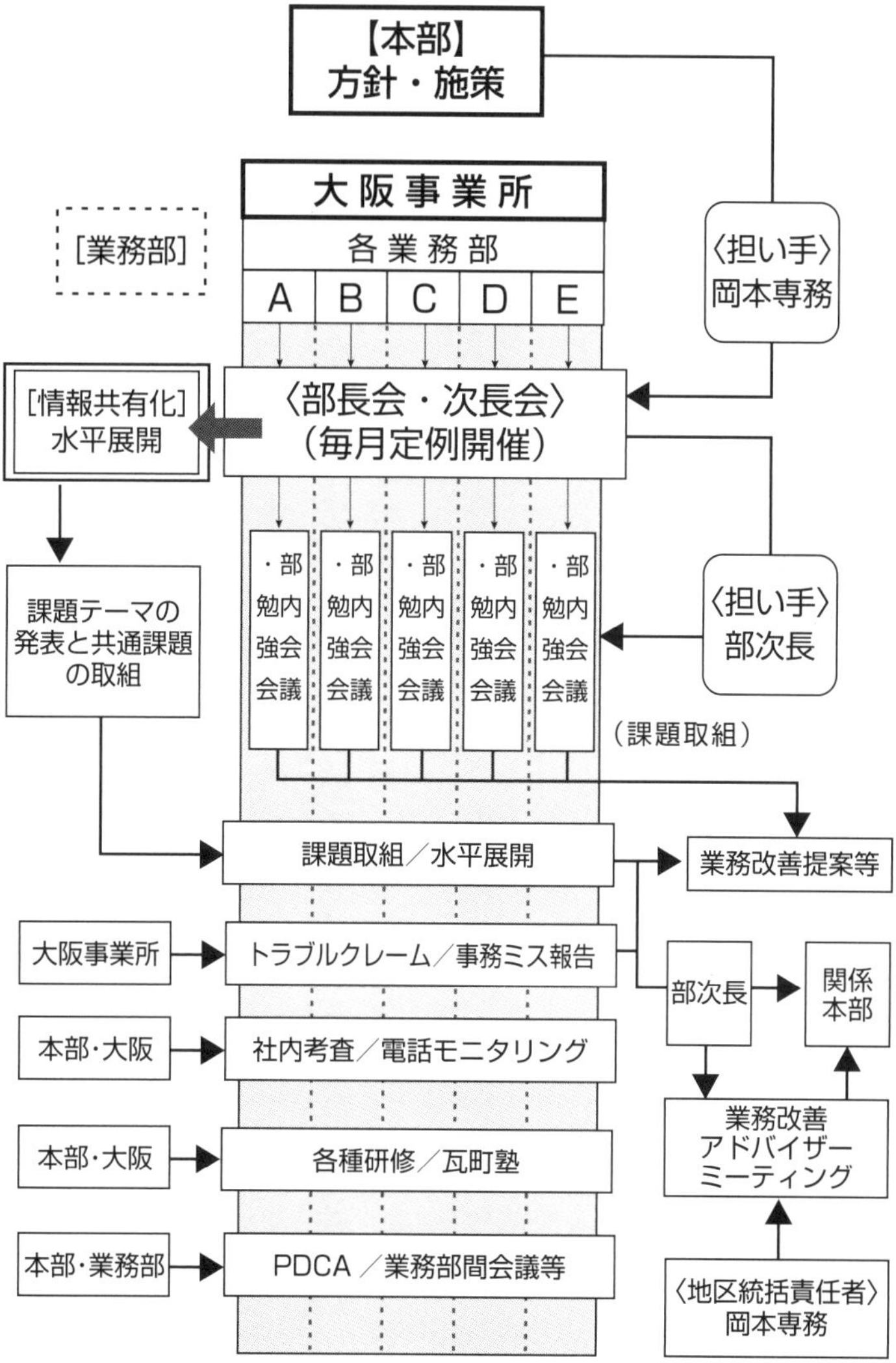
【本部】
方針・施策
大阪事業所
[業務部]
各業務部
A
B
C
D
E
〈担い手〉
岡本専務
[情報共有化]
水平展開
〈部長会・次長会〉
(毎月定例開催)
部内会議・勉強会
部内会議・勉強会
部内会議・勉強会
部内会議・勉強会
部内会議・勉強会
〈担い手〉
部次長
課題テーマの
発表と共通課題
の取組
(課題取組)
課題取組/水平展開
業務改善提案等
大阪事業所
トラブルクレーム/事務ミス報告
部次長
関係
本部
本部・大阪
社内考査/電話モニタリング
本部・大阪
各種研修/瓦町塾
業務改善
アドバイザー
ミーティング
本部・業務部
PDCA/業務部間会議等
〈地区統括責任者〉
岡本専務

・この目的を達するためには経営からトップダウンでは成し遂げえない、社員1人1人からのボトムアップの仕組みとしてワールド・カフェが土壌づくりになると確信している。
・さらにその土壌の上に種を撒き、開花させていくには、OSTやAIが有用であり、今後、局面を捉えてこの改革に活用していく予定。

2.ワールド・カフェによる市民同士の対話の実践

埼玉県宮代町役場のケース

宮代町では、市民が町の審議会などに参加することによる市民参加のまちづくりを、進めてきました。このため、平成16年度以降、どの審議会においても、専門家だけでなく、公募による市民も委員として参加しています。また、時には全員が市民により構成される市民会議による議論が行われました。とかく行政や専門家だけの視点で進められてしまいがちな議論に市民が加わることで、より生活者目線で行われるようになり、これは大きな成果でした。

しかし、何年かするうちに、公募による参加者の固定化傾向が進み、女性や若年層が参加しにくい、市民参加といいながら、逆に全く間口の狭いものになっている、と指摘されることが多くなってきました。そこで、宮代町では、市民参加をうまく進めるための別の方法を探していました。

無作為抽出の市民によるワールド・カフェ開催：無作為抽出市民46人が「ワールド・カフェ」で町の魅力や将来についてアイデア出し　２０１０年5月22日・29日

［開催までの経緯］

宮代町では、新しい10年間の総合計画を作る上で町長と幹部職員からなる経営戦略会議においてSWOT分析を用いて宮代町の現状（強み、弱み、機会、脅威）について話し合い、新しい総合計画の策定方針づくりを進めていました。

市民は町の将来をどう感じているかを具体的に聞く段階になり、まず、住民の意識調査を行いました。次に宮代町の市民のできるだけ偏りのない意見を直接聞くにはどうしたらいいかを検討し始めました。応募のあった市民だけで構成する市民会議という案もありましたが、過去の経験から、この方法では幅広い市民から意見やアイデアを集め、それを広げていくのは難しいと感じていました。こうした市民会議では、だれの意見が正しいかという二元論に支配されがちだからです。

こうしたこともあり、改革推進室の栗原聡さんは市民ワークショップの手法について検討していました。

そんな時に、宮代町役場の職員10人が私（大川）が主宰した銀座でのワールド・カフェを体験しました。その時、〝あっ、これだ！〟と職員の一人の栗原さんは思いました。「無理やり結論を出さない」「相手の意見を尊重する」「アイデアを否定しない」「短時間にたくさんの人と話し合う」「一度に何人でも参加できる」というワールド・カフェはまさに最適でした。

市民が集まって、町の将来について話し合うためにワールド・カフェを開催することになりました。あらかじめ役場内で私（大川）が講師を務めたワールド・カフェのファシリテーター養成ワークショップを受講し、栗原さんをはじめとする町職員がカフェ・ホスト（ワールド・カフェのファシリテーター）になるための知識とスキルを習得しました。

［開催目的］

無作為に案内を送付したうち、参加の申込みのあった18歳から85歳までの市民によってワールド・カフェを宮代町コミュニティセンター進修館で行いました。1日目は46人、2日目は43人の参加者でした。町の将来についての意見やアイデアを町民が出し合い、総合計画の基礎資料とすることがワールド・カフェの目的でした。

【プロセス】

参加者を最初は公募か関係団体を集めて行うことで考えていました。しかし少数例ながら無作為抽出による市民参加事例が他の自治体で行われていることも知っていました。職員研修〝ワールド・カフェ・ファシリテーター養成講座〟を受講していた時、講師（大川）からマイクロコズム（すべての利害関係者を集めた結果できるグループ。全体の縮図にな

1人の意見にテーブルのみんなが真剣に耳を傾けている

広くオープンな喫茶ラウンジのように会場全体で楽しい話し合いが行われている

っている）についての説明も受けました。

そこで、無作為抽出の市民参加手法により参加者が町の人口構成比になるべく同じになるようにしたのです。その結果として、男女比、年齢、居住地とも町の縮図にほぼ一致させることができました。この参加者によりワールド・カフェを実施することにしたのです。参加者を無作為抽出する方法とワールド・カフェを組み合わせた「宮代方式」とも言えるオリジナルな手法です。この「宮代方式」は前述の養成講座の中で、講師（大川）と、参加者との話し合いの中から生まれました。

参加者には2日間の結果が、第4次総合計画を策定する、大学教授などの専門家からなる「総合計画審議会」の基礎資料になり、いただいた意見は広報紙、町のホームページでも広く公表する旨を事前にお知らせしました。集まって話し合った結果が、どう活用されていくかを事前にお知らせすることは、参加者の意欲に大いに影響すると考えたからです。

2日間のワールド・カフェで提示した問いは以下のようなものでした。

1日目（5月22日）

ラウンド1「あなたは、宮代町の良さ、他の町に住んでいる人に自慢できる魅力はどんなところだと思いますか？」

ラウンド2「あなたは、4～5年後の宮代町はどんな町になってほしいですか」

2日目（5月29日）

ラウンド1「あなたが住み続けたい、住んでみたいと思うような地区・自治会になるためには、どんな地域の活動があったらいいと思いますか？」

ラウンド2「宮代町が今よりもっと元気になるために必要な取り組みや活動は何ですか？」

ラウンド3「あなたが一緒にやってみたいと思うものは何ですか？（その理由は何ですか？）」

カフェのようにリラックスした雰囲気を出すために、観葉植物を配置した

［成果、効果、感想］

初回の5月22日は、町の魅力や自慢できることでは、「コスプレ、大学、東武動物公園」「都心から地下鉄直通」「農のあるまちづくり」などが、町の将来の姿では、「子育て支援に力を入れる町」「豊かな自然環境を生かした町」「道路の整備」など、約90のアイデアや意見が集まりました。

1週間後（5月29日午前10時から）に同じ会場で第2回目のワールド・カフェを開催し、さらに具体的なテーマでアイデア出しを行いました。

2日間とも、時間になってもディスカッションが途切れないほどの盛り上がりを見せました。最後に、各参加者が意見やアイデアを紙に書いて模造紙に張り出し、「自分自身が、もっとも印象に残った意見」について、参加者の何人かから発表をしてもらい、そのたびに会場が拍手で包まれ、とても楽しい雰囲気でした。

参加者からアンケートを取った結果、「楽しく参加できた」、「ほぼ楽しく参加できた」、の合計で１００％となり、この取り組みを続けてほしいという声を１００％の人から得ました。今回のワークショップについて参加者からは、「まったく年代の違う人たちの考えに触れて刺激を受けた」「自分の考えが徐々に変わっていくのが実感できた」などの感想を聞くことができました。

参加者の1人の女性は、今回の話し合いの中から勇気が湧いてきて、自分の家を改装してレストランを始めました。もう1人はＮＰＯに参加して、得意な楽器の演奏機会を増やしました。このようにワールド・カフェへの参加をきっかけにして、意欲と自信が高まり、行動的になってきた人が出てきました。計画作りのための意見を集めるだけでなく、参加者がたくさんの人と、前向きな話をするうちに、「具体的に行動したい」という気にさせられる効果があるという予想外の効果を発見しました。

ワールド・カフェ開催②：職員によるワールド・カフェ　２０１１年12月17日・20日・21日

【開催までの経緯】

市民によるワールド・カフェを経験し、町役場内でもワールド・カフェを開催しようということになりました。そこで職員が課や担当、年齢、役職の壁を越えて、一堂に会してテーマを決めて話し合うことで、町の将来像を職員の皆で共有していこうとしました。そうすることで、今後、個々の職員が業務として実際に総合計画に関わる事業を担っていく上で、多くのヒントを得ることもできると考えました。

【開催目的】

すでに、町長から示されている、「総合計画　策定方針」に従って職員全体で町の将来計画についての意見やアイディアを出し合うことを目的として町職員171人の「ワールド・カフェ」が宮代町コミュニティセンター進修館小ホールにて開催されました。

【プロセス】

今回は、町の魅力や将来の姿について、アイデアを出し合いながらテーブル移動を繰り返し、時間になってもディスカッションが途切れないほどの盛り上がりを見せ、最後に、各参加者が意見やアイデアを紙や付箋紙に書いて模造紙に貼り出しました。いくつかの意見については、参加者に簡単なコメントを発表してもらいました。

実際に使った問いは以下の通りです。

ラウンド1　あなたが残していきたい町の良さは何ですか？　また、残していくためには

話し合いはとても活気に満ちていた

何が必要ですか？

ラウンド2　住んでいて良かったと思える魅力的な町を実現するために、自治体がすべきことは何ですか？

［成果、効果、感想］

・普段の上司、部下、先輩、後輩の関係でなく、また世代、性別の壁を越えて話し合いが進められ、「個々の意見はすべて尊重される」というルールのもとで行われたのは良かった。テーブルを囲むみんなが公平で対等であるという前提なので、前向きな意見を出すことができたと感じている。

・職員プロジェクトなどにより、部門を横断して計画づくりの具体案づくりを進めるということが過去にはあったが、専任ではなく、本来の仕事を抱えながら行うということもあり、同じ時間でこれだけの意見やアイデアを集め、多人数による話し合いや情報共有を行うことはできません。これだけの情報を収集し、組織で共有するためには、早くても数カ月は必要でした。その意味で、全職員の8割が参加したワールド・カフェはとても貴重な体験でした（参加できなかった2割の職員は業務上、どうしても職場を不在にできなかった職員）。

・残していきたい町の良さでは、「農のあるまちづくり」「東武動物公園、日本工業大学、笠原小、進修館」「人、コミュニティ」などが多くを占めていました。また、魅力的な町を実現するために自治体がすべきことでは、「子育て支援に力を入れる町」「駅前の開発」「近所づきあいの育成」「若い世代の呼び込み、子育ての環境整備」などでした。こうした意見は、多少の差こそあれ、先に行った市民によるワールド・カフェと同様な傾向を示していて、行政職員と市民との間の現状認識や描く将来像に大きなズレがないことがわかりました。

ワールド・カフェ開催①：総合計画フォーラム　無作為抽出市民による「ワールド・カフェ」10年後の宮代町へ～みんなでこんな町を創りたい～　2011年2月26日

【開催までの経緯】

専門家などによる総合計画審議会が中心になって作ってきた総合計画の素案については、住民意識調査や市民参加のワールド・カフェなどの意見をベースに審議会の中での議論が中心になってまとめられてきました。

【開催目的】

総合計画の素案が市民感覚や市民意識とのズレがないかを実証するために、またさらなるアイディアを追加するために市民で集めたフォーラムを開催する必要がありました。そこで無作為に選ばれ、参加の申し込みをいただいた市民、それと町広報を見て参加した市民、合わせて50名の実際に集まった市民から幅広く意見を伺うことを目的としてワールド・カフェが開催されました。

【プロセス】

前半では、パワーポイントを事前に作ってワールド・カフェの話し合いの前に以下の3点について説明しました。この説明は極力、わかりやすい説明文とグラフを使い、後半で予定している話し合いに先入観を与えないよう、事実だけを淡々と伝えました。

1. 今後、国全体で人口減少、高齢化、経済の縮小が進む中で、宮代町も例外ではいられないこと
2. このため宮代町の強みを活かしたまちづくりを進めていくことが必要であること
3. そこで総合計画審議会において「作戦1」から「作戦4」までを考えた、ということ

続いて、総合計画審議会で議論された「作戦1」から「作戦4」までが委員から報告されました。

作戦1　人、活動、地域をつなげる
作戦2　交流人口を増やす
作戦3　定住人口を増やす
作戦4　宮代型産業の創出

後半では、報告された「作戦」ごとにテーブルに分かれ、それぞれの作戦遂行をどうしたらよいかという問いで6人～7人がワールド・カフェ方式でアイデアや意見を出し合いました。テーブルを移動しての話し合いは計2ラウンド行われました。テーブルごとに問いを変え、かつ2ラウンドの変則型のワールド・カフェでした。

テーブルA　人、活動、地域をつなげるにはどうしたらよいか？
テーブルB　交流人口を増やすにはどうしたらいいか？
テーブルC　定住人口を増やすにはどうしたらいいか？

テーブルD　宮代型産業を創出するにはどうしたらいいか？

［変化と効果、成果］

今回のフォーラムは町を取り巻く背景や、総合計画審議会が意図する作戦の趣旨を話し合いの前にわかりやすく説明し、話し合いの前提を十分に理解いただいていたためか、司会者の説明が終わり、スタートしたとたん、全部で7つのテーブルで、勢いよく話し合いが始まりました。その様子は実に活気に満ちあふれ、当日、参観していた町長、町議会議員からも今後もこのような話し合いを行うべきであるという声が聞かれました。

ステップを踏んで立案してきた総合計画について、策定の途中段階で市民の意見をうかがうことで、総合計画審議会がまとめる予定の最終案を修正し、厚みを持たせることができました。また多くの市民が、特に普段、行政との関わりが薄い方も含めて、結果的に無作為に選ばれ、参加したことにより、広報やインターネットでお知らせする以上に、町が策定している総合計画に関心を持つキッカケになりました。

ワールド・カフェ開催①：今後の公共施設　無作為抽出市民による「ワールド・カフェ」
あったらいいな こんな場所　～地域をつなぐ中心施設～　2011年10月22日

【開催までの経緯】

宮代町では東洋大学との共同研究「公共施設更新のあり方研究」を受けて、平成23年度から、建築、教育などの有識者により「公共施設マネージメント会議」を組織し、今後のあるべき公共施設の姿についての検討を、専門的な見地から進めてきました。

【開催目的】

今回のワールド・カフェは、

ワールド・カフェ会場の案内看板

参加者の年齢・性別が多様になる話し合いの場ができた

専門家の意見だけでなく、実際に公共施設を使っている市民の目線から約10年後から建て替えが始まる小中学校、その他の公共施設の新しい姿について意見やアイデアを市民が出し合いました。今後の活動につなげていくことを目的に、無作為に選ばれた市民によるワークショップを開催しました。

【プロセス】

このワールド・カフェは無作為に選ばれ、参加の申し込みをいただいた14歳から77歳までの男女36人によって進められました。

始めに、町がおかれている背景、今後、考えなければならない事柄である以下の2点をテレビのニュース解説風にナレーションつきのスライドでわかりやすく、参加者に説明し、ご理解いただいた上でワールド・カフェの話し合いをスタートしました。

1〕人口が減り、高齢化が進むことで町の収入が減り、支出が増える今後において、今のままの大きさや配置では公共施設の建て替えや維持が困難であること

2〕人口や年齢構成が変わる施設に対するニーズに対応するだけでなく、地域コミュニティやさまざまな地域活動を生み出す拠点を作り出す必要があること

ラウンド1　あなたが知っているあんな活動、こんな活動は？
ラウンド2　どんな施設があったらよい？

【成果】

あなたが知っているあんな活動、こんな活動は？　という質問に対しては、町民まつりや体育祭など町全体が1つになって行う活動から、福祉医療センターでのボランティア活動、太極拳、コミュニティセンターでの英語発表会、ダンスなど趣味、サークル、学校単位での活動など数え切れない「こんな活動」が出され、目の前の模造紙に書き加えられていきました。

どんな施設があったらよい？　という質問では、「音楽室、家庭科室、技術室、体育館など今は学校の一部となっている部屋を市民と共有しては」「食堂、カフェがあり、お年寄り、子育てママ、子供皆が集まれる場所はどうか」「施設の広域化で対応できないか」などといった意見が出されました。他には施設利用料の軽減、日本工業大学の活用、循環バスの見直しなどといった意見もありました。

このワークショップについて、参加者からは「普段話すことができない他の年代の方と話せて楽しかった」「自分の知らないことが町にたくさんあった」などの感想を聞くことができました。また、年齢を一気に14歳まで下げたため、参加者には中学生もいました。しかし何の問題もなく、楽しく他のメンバーと話し合いを行っていました。まるで自分の家の台所のテーブルで、お茶の時間にお父さん、お母さん、祖父母たちと話しているような雰囲気でした。

【全4回のワールド・カフェ開催によってもたらされた変化、気づき、今後やっていきたいこと】

・ワールド・カフェの参加者とそこから出たアイデアを選択する総合計画の専門家、行政や議会の役割の認識が、極めて重要
・ワールド・カフェで述べた意見がどうなるかは明確に伝えておき、それを承認して参加している。専門家が情報を見極め選択する。そして最終成果をきちんとフィードバックをすることが重要
・ワールド・カフェに関わった人の生き方が変わる。発言したことが実際の活動になっていくことが素晴らしい

・ワールド・カフェが終わった後、会場から出て行く参加者の満足げな、充足感に満ちた顔つきを見ていれば、参加者がいかに楽しく話し合いをしたかを測ることができる。また、会場内のあちこちで、別れを惜しむように、いくつかのグループができている。良い映画を見た後の映画館のロビーのようになっている〈宮代町の場合、終了後、すぐに解散するのでなく、高まってきた意欲を次につなげるようなイベントの案内（市民活動スペースで行われる予定の取り組み）をお知らせしました。ワールド・カフェ開催後の次のステップを主催者として用意しておくことが大事だと思います〉。

・ワールド・カフェで話し合い、出てきた意見やアイデアが、即実現されるというわけではなく、その後、どう扱われ、決定のプロセスを踏むのかを提示しないと、参加意欲も減退してしまうので、そのことに注意を払いました。参加者への案内状にそのことをわかりやすく記述するとともに、ワールド・カフェで出された意見は町公式ホームページや町広報紙で必ず紹介し、そして、その意見がどう扱われ、具体的な政策になっていくのかをお知らせしています。

・テーブルを囲む話し合いのメンバーが、年齢、性別ともに多様であればあるほど、それに応じた視点があり、多彩な意見が出されると感じました。自分の意見を一方的に言うだけでなく、他人の意見に触発されたり、意気投合したり、その中で、第三の意見が生み出されたり、という化学反応が楽しくもあり、また、自分が出した意見にまったく違う年齢、性別の方が賛同してくれると、その後の意見の広がりも違うようです。

・話し合いの前提条件の理解がマチマチだったり（場合によっては、まったく違った理解をしていたり）しては、話し合いがスムースに進まないので、ワールド・カフェを実施する前に、テレビのニュース解説風な、わかりやすい、スライド説明を行うことで、集まった参加者に「この話し合いで、求めている意見、アイデア」を明確に伝えることができました。これは良い結果をもたらしました。

・今回ワールド・カフェでは、初めて行政の呼びかけに応じて参加した、という方ばかりでした。短時間の間にテーブルを移動し、見ず知らずの多くの人と話をしているうちに触発され、アイデアが湧いてくる、実際の行動につながっていく、という点はあきらかに、今までの市民参加手法とは違うものでした。

・ワールド・カフェは何かを決定する手法ではありません、決定するのは意見を受け取った主催者であり、時にはさらに別のプロセスを踏んで決定にいたる場合もあります。しかし、ワールド・カフェのテーマ設定によっては、その場に参加した人自身がやる気になれば、自分自身が仲間を集めて行動に移すことができるテーマもあります。地域活動などにおいて、効果を発揮することを確信しました。しかしながら、ワールド・カフェをやったきり、その後どうするの？　がないと、参加者ももやもやしたままです。そこで出された意見を具現化するプロセスを主催者があらかじめ設計しておくことが大事です。
・今回は、計画作り、というテーマでのワールド・カフェでしたが、宮代町役場では今後は実践的な地域作りの中の1つのプロセスでワールド・カフェを実施したい。
・また平成24年度には、町内循環バスの運行ルートを見直すにあたって、ワールド・カフェを予定しています。

3．石材業界のサプライチェーンにおける各プレイヤーによるワールド・カフェ

ストーンマン・カフェのケース

［開催経緯］

竹ノ内壮太郎さんは石材業界にダイヤモンド工具と研削砥石を製造しているメーカー（三和研磨工業株式会社）の社長を務めています。

石材業界においては中国に生産が移行する空洞化と少子高齢化、ニーズの多様化による、墓石需要の減少が起こっていました。

竹ノ内さんは石材業界のサプライチェーン（採石、加工、卸し、小売り、消費者）における各プレイヤーができるだけ一堂に会して対話を行うことで業界全体を活性化したいと考えました。その対話が具体的な協働活動に進展していくことも願っていました。

石材という素材の価値創造プロセスにおいて、上流の山からとる採石、工場での加工から、流通卸し、そして最終ユーザーへの小売りまで、また、関連商材のメーカー・商社を含めて、多様なステークホルダーを集め、全国で3年間、7回にわたって竹ノ内さんがワールド・カフェを継続して実施してきた内容とプロセスを以下に紹介します。

〈1回目のストーンマン・カフェ〉

２００９年10月27日、まず、座談会という名称でワールド・カフェを開催しようということになりました。最初からワールド・カフェという名目でやろうと提案するのは、内容に対する理解が得にくいと判断しました。横文字でなじみのない言葉を使うと抵抗感があるからです。これが全7回（２０１２年9月現在）にわたるストンマン・カフェのスタートでした。ストーンマン・カフェ（石屋さんのカフェ）という名前を使ったのは身近な印象を持ってもらえると考えたからでした。場所は香川県の高松市で、21名の石屋さんが集まってワールド・カフェの話し合いをしました。石材業界の採石と加工の人々、および、お墓を建てるために金具や接着剤など関連商材の方々（関連部会の方々）も参加しました。

第1回目のワールド・カフェの目的は、参加者が石材業界の現状を明確化し問題点を特定して、その解決策をともに考えることでした。ともに課題に取り組むことで関係性を高め、活性化を図ろうとしました。

第1ラウンドの問い：国内加工の良いところはどこか？
第2ラウンドの問い：日頃困っていることは何ですか？
第3ラウンドの問い：今後、取り組んでいきたいことはどんなことですか？

話し合われた主な内容は以下のようなものでした。

・日本の加工の良いところとしては、職人がお墓というものをよく理解し、切磋琢磨《せっさたくま》しながら技術力を向上させているところです。また、製品（墓石）の完成度が高い。
・困っていることとしては中国製品による価格破壊、加工技術革新の停滞、産業廃棄物処理、技術継承の困難など

ワールド・カフェで話された内容の整理

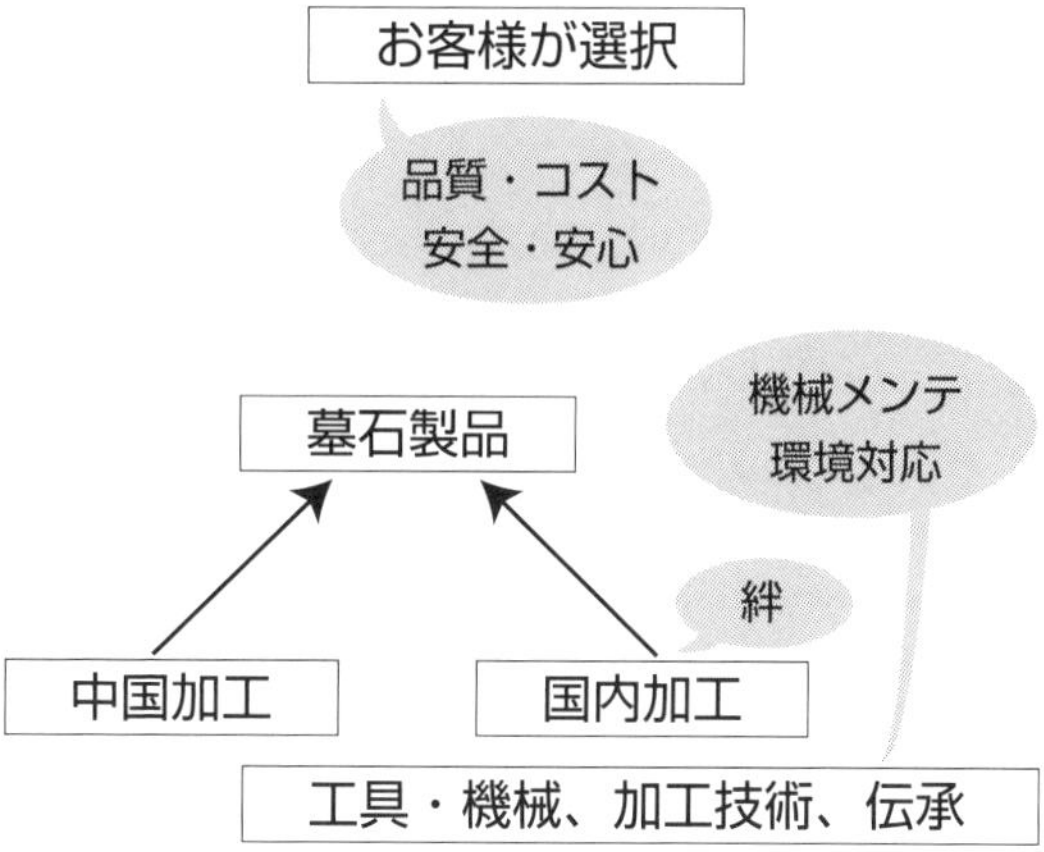

・今後の取り組みとしては、国産材の資源としての希少価値と良さを消費者にもっと訴えることが挙げられた。また、販売の際、日本で加工したという産地表示によって購入者に安心感を与える工夫をすることが推奨された。

・さらに、石材技術の活性化のためには、工具の技術革新と技術の伝承能力向上による品質の向上、機械設備の維持保全のための体制作りがポイントとして挙げられました。

第1回目のワールド・カフェは参加した方々にワールド・カフェは大変好評で継続して行っていきたいという発言が多く寄せられました。

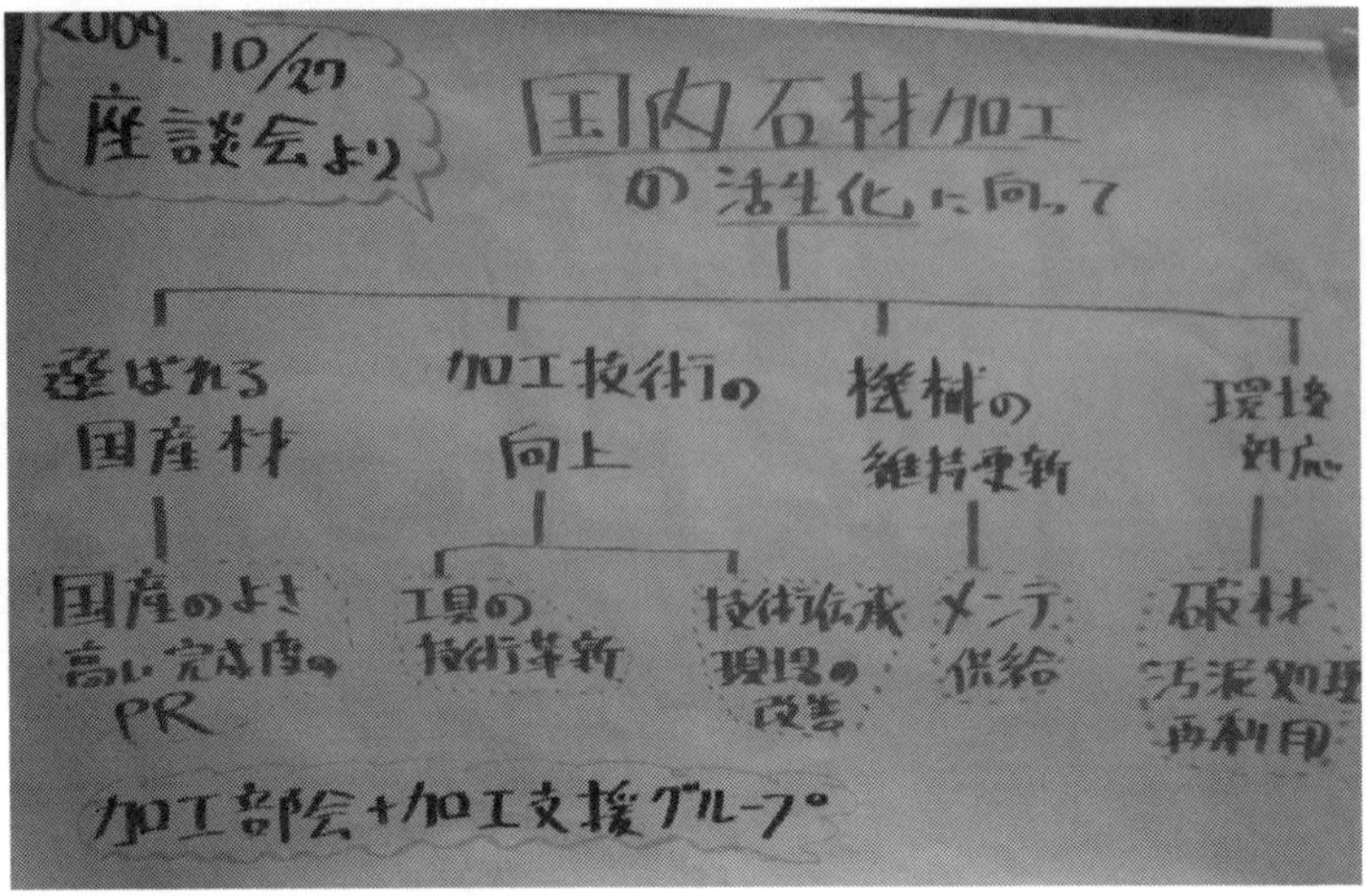

座談会の内容をベースに、国内加工活性化に関連した項目の整理

〈2回目のストーンマン・カフェ〉

２０１０年2月20日（土）12時から九州ストンフェア会場内において、場所と時間の関係でワールド・カフェでなくパネルディスカッション形式で行われました。３人のパネラーより、国内石材加工の活性化のキーポイントについての発表をしました。

それを踏まえて、出席者との間で、意見交換を行いました。話し合われた主な内容は以下のようなものでした。

・ＣＡＤを使って必要以上に複雑な形状（ぎんなん面形状等）を安易に提案すべきではない。日本のお墓は本来もっと簡素なデザインであるべきではないか。

・少なくとも角材だけでも、日本の石は、日本国内で加工するべきである。

・小売りをする人にも、加工を見てもらい、加工の大変さ、良さをわかってもらうべきである。
・こんな人間が作っているということを知ってもらうことで、施主の信頼感が増す。
・自分のこだわりを持って、加工を追求し、美しいと感じるお墓を作っていきたい。
・良いものは施主への適切な説明と理解をいただくことで、高くてもその対価を払い、施主は大変満足するものである。
・天然のものが対象なので、数字の基準だけの、技術の評価は、難しい。
・青森県の黒石加工等、自社加工を盛んにやっているところもある。
・さらなる、機械と工具のコストダウン、技術指導が必要ではないか。
・加工する人の自己満足だけではだめで、相手が何を望んでいるか、よく考え、把握する必要がある。

1時間という短い時間であったが、進行役よりベースになる話題提供の後、参加者よりキーワードを示してもらっていたので、その後の会場参加者との意見交換は、スムーズに活発に行うことができました。会場内のオープンな場所でパネルディスカッションを開催したので、立ち止まって関心を持って見ている人も多数おられました。

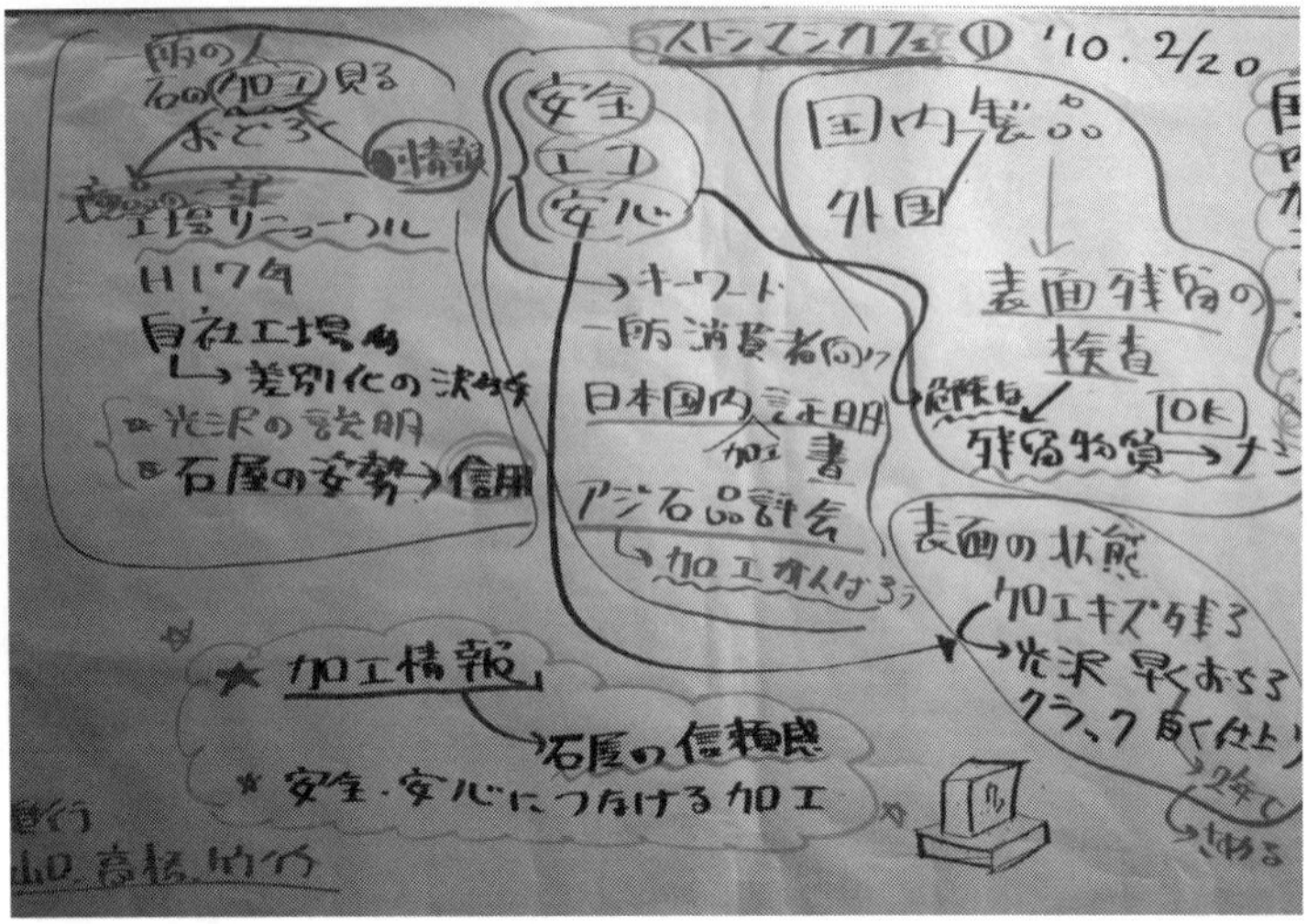

国内石材加工活性化に向かって、すべきことの意見発表のまとめ

結論にはいたっていないが、出た意見を整理統合すると「国内加工において、小売り・顧客へ加工に付随する情報（特に作り手に関して）提供し、信頼感を高めることにより、高い顧客価値を持たせることが可能となる。一方、こだわりを持った究極の職人技を追求するという方向性もある」ということになりました。

アンケートの結果を見ると、参加者の満足度は比較的高かったと思われます。

この時竹ノ内さんは今後、「ストーンマン・カフェ」を、各地で続けて開催していく中で、国内加工活性化に向かって、より多くの、多様性ある意見を吸い上げ、内容の共有化を進め、具体的アクションにつなげていきたいとさらに強く思うようになりました。

3回目のストーンマン・カフェ参加者

	都道府県名	計	人数
1	茨城県	40.54%	15
2	東京都	10.81%	4
3	栃木県	8.11%	3
4	福島県	8.11%	3
5	京都府	5.41%	2
6	香川県	5.41%	2
7	埼玉県	5.41%	2
8	千葉県	5.41%	2
9	神奈川県	2.70%	1
10	大阪府	2.70%	1
11	山形県	2.70%	1
12	愛知県	2.70%	1
合計			37

〈3回目のストーンマン・カフェ〉

次にワールド・カフェがストーンマン・カフェで開かれたのは3回目の茨城県桜川市でした。37名の参加者を得て2012年4月9日の夕方から夜にかけて行われました。

ワールド・カフェが始まる前に、アイスブレークとして〝日本の加工のいいところ〟をキーワードで出してもらいました。5から20ぐらい出ました。

第1と第2ラウンドの問い：あなたが石材業界は素晴らしいと思った時はどんな時でしたか？

第3ラウンドの問い：3年後あなたは何をしていますか？　夢でいいので想像してみてください。その時大切にしているものは何ですか？　明日からどのようなことに取り組ん

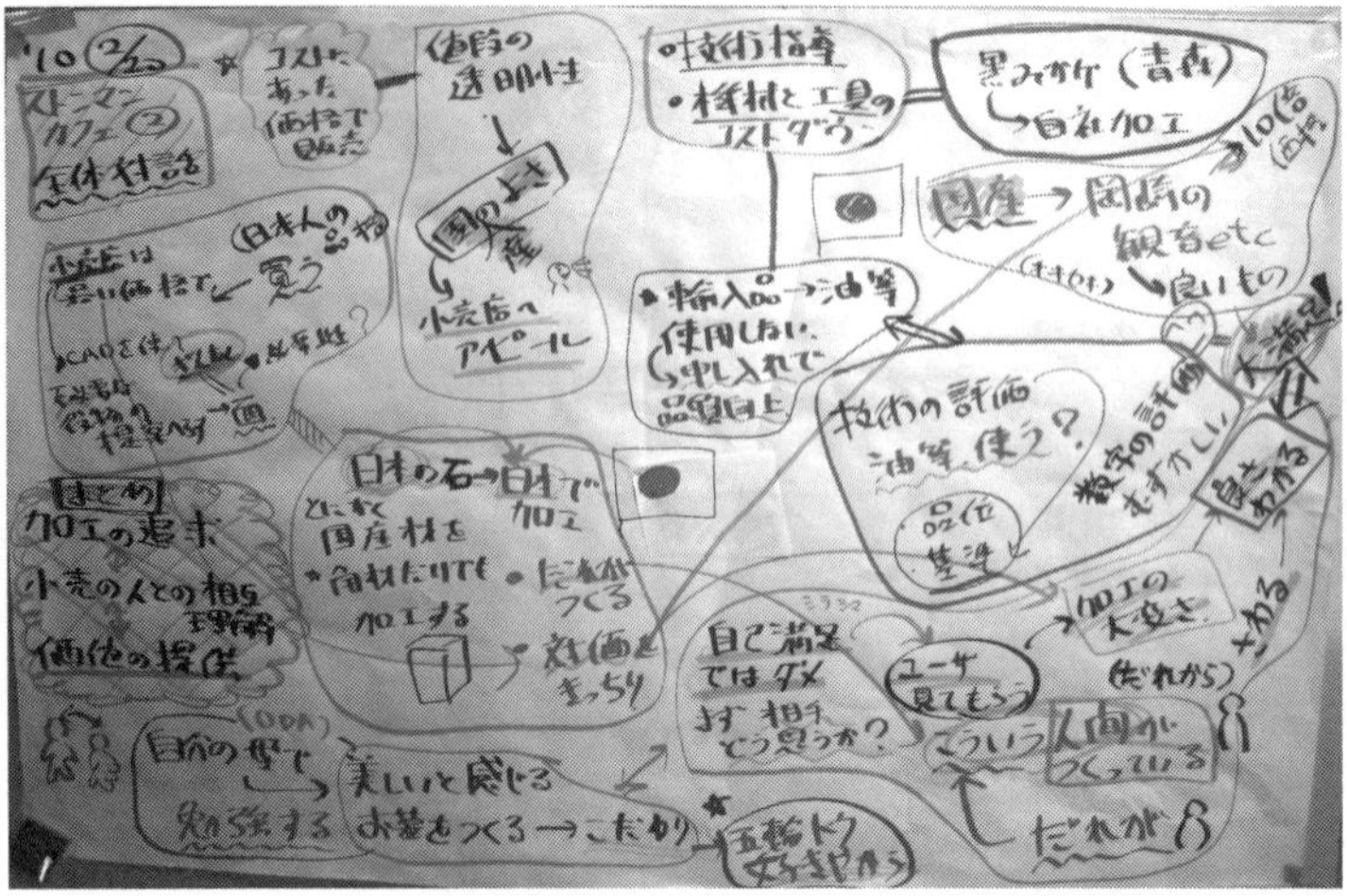

業界活性化のため、会場との全体対話の意見まとめ

でいきたいと思いますか？

第3ラウンドに関しては、各自振り返ってもらった後、A4の紙に整理して記入していただきました。

全体シェアでは、各テーブルで出た話を発表し、それを、模造紙にまとめていきました。ワールド・カフェ全体を通じて大変盛り上がりました。自分たちがやっている仕事の素晴らしさを再確認したようでした。また、業界全体の方向性やビジョンが見えてきたようでした。

全体の振り返りからの気づきとしては、以下の点が印象深く感じました。

・石屋を続けることで一般の人が安心して寿命をまっとうする社会の実現に向かって役立ちたいという気持ちを強く持っている。

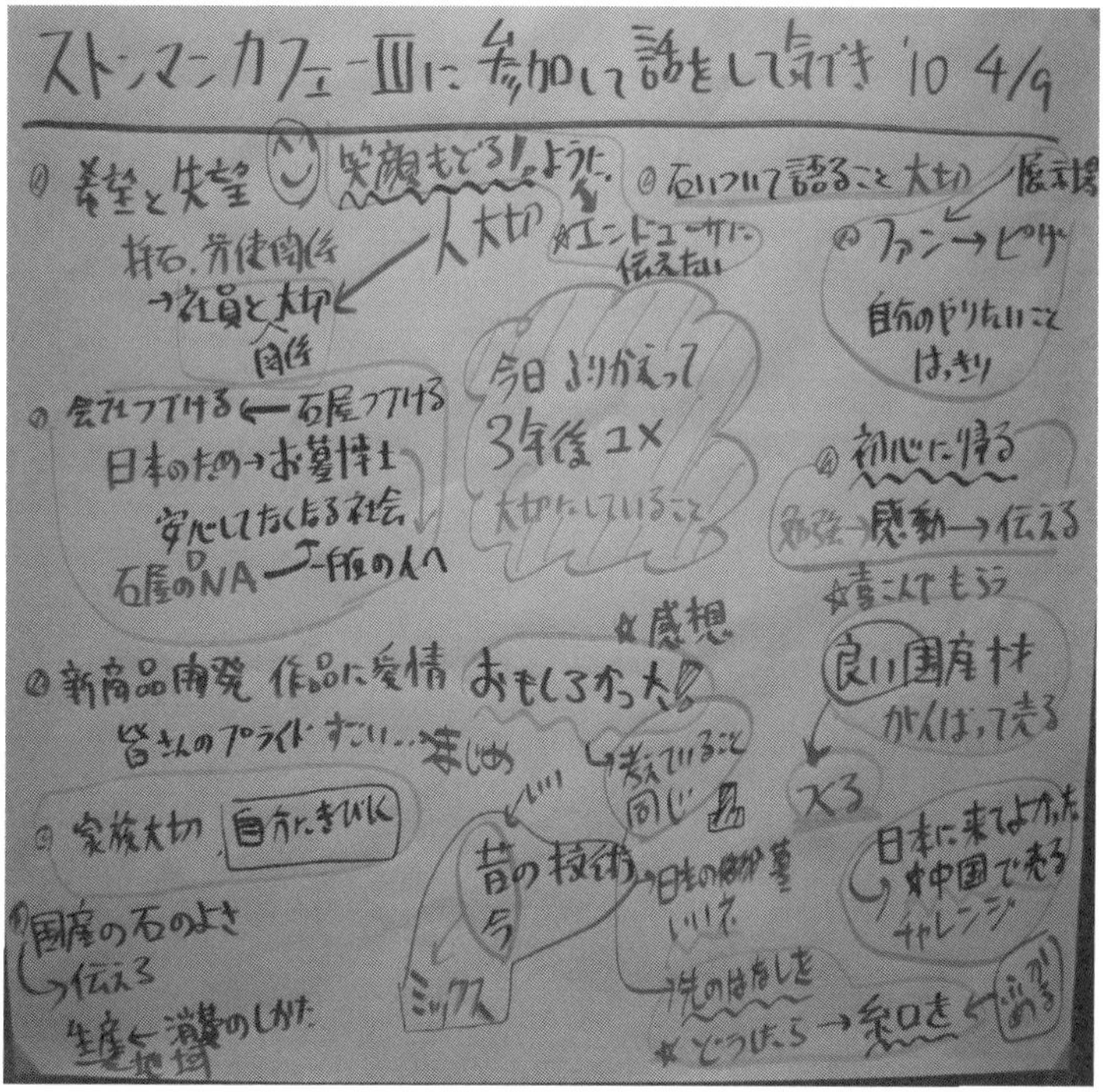

参加者より、3年後の近未来に向かっての夢と大切にしていきたいこと

ワールド・カフェのオリエンテーション

・みなさんのプライドがすごく石材業界を真剣に考えている。
・石について語ることが大切であることを多くの人が痛感している。

〈4回目と5回目のストーンマン・カフェ〉

4回目は、石材業界の年次大会の分科会で２０１１年6月10日、浜松町において参加者40名で行われました。5回目は、Ｊａｐａｎ石フェス２０１１のワークショップとして神戸で29名の参加者で実施しました。

ワールド・カフェの目的と問いの両方とも今までに開催したワールド・カフェに近いものでした。ただ、4回目は、お互いより良く知り合うことに、5回目は、3ラウンド目を明日から取り組めることを明確にしてもらうことにフォーカスしました。5回目に、明るい未来に向けて取り組んでいきたいこととして挙げられたことを一部以下に掲載します。

・日本の石の知識を身につける
・加工されているお客様の、困っていることを聞き、その解決に向けて努力をする
・ものづくりをしている職人さんに、お客様の喜びの声を伝える。
・子供たちに石屋の仕事を伝えていく
・加工されているお客様の困っていることを聞き、その解決に向けて努力する。

ワールド・カフェについて解説をしている竹ノ内さん

〈6回目のストーンマン・カフェ〉

ストーンマン・カフェを加工部会・関連部会の共催事業として継続するためにも開催されました。開催地は京都でした。ワールド・カフェの目的も問いも大きくは変わりませんでしたが、3ラウンド終了後、今、この場に問いたいことは何か、現実を見据えた上で話し合いたいことをA4の紙に書いて掲げていただきました。お互いその内容にピンときた者同士がグループになって話し合いました。解決策まで話し合い石材業界としてすべきことを以下のような3提言としてまとめて発表しました。

・適応性：そのお客様の希望に沿ったお墓を親切にアドバイスし作ってあげる
・透明性：お墓の製作過程である、工程・工法・墓地への設置など、見えない部分も可視化し、見える化する

・習慣性：若い人を含め、小さい頃から先祖を敬う気持ちを意識づける

〈7回目のストーンマン・カフェ〉

２０１２年6月14日に、日本石材業界の年次大会として開催しました。今まで通り、石材業界の素晴らしいところを第1ラウンドで語ってもらった後、第2ラウンドで個人の夢を思い切り語ってもらいました。第3ラウンドでちょっと内省してもらい、立場の違う人が相互に理解し一緒になってできそうな協働の夢プランを描いてもらいました。あえて現状の課題は無視しました。

第1、第2ラウンドの問い：
「あなたが、石の仕事が素晴らしいと思った時はどんな時でしたか？」
第3ラウンドの問い：
「夢を、自由に妄想でもいいので、語ってください」
というテーマで、テーブルごとに、途中移動も折り込みながら、対話をしてもらいました。時間的には、短い時間ではありましたが、それぞれの体験に基づきながら、想いを熱く語っていただきました。

全体シェアではテーブルごとに、次の通り計4つの発表がありました。

・石の大事さの意味づけをするとともに、個人のお墓まで広げていきたい。

・職人をたくさん育て、ある意味それがブランド化できるような学校をつくりたい。

・加工技術を高め、新商品を創り出し、儲けにつなげたい。

・石材業の職人さんは、非常にレベルの高い仕事をしているが、あまり知られていない。それを、もっと世の中に広めていきたい。ネット、ツアー、「ビフォーアフター」のようなTV番組等で。

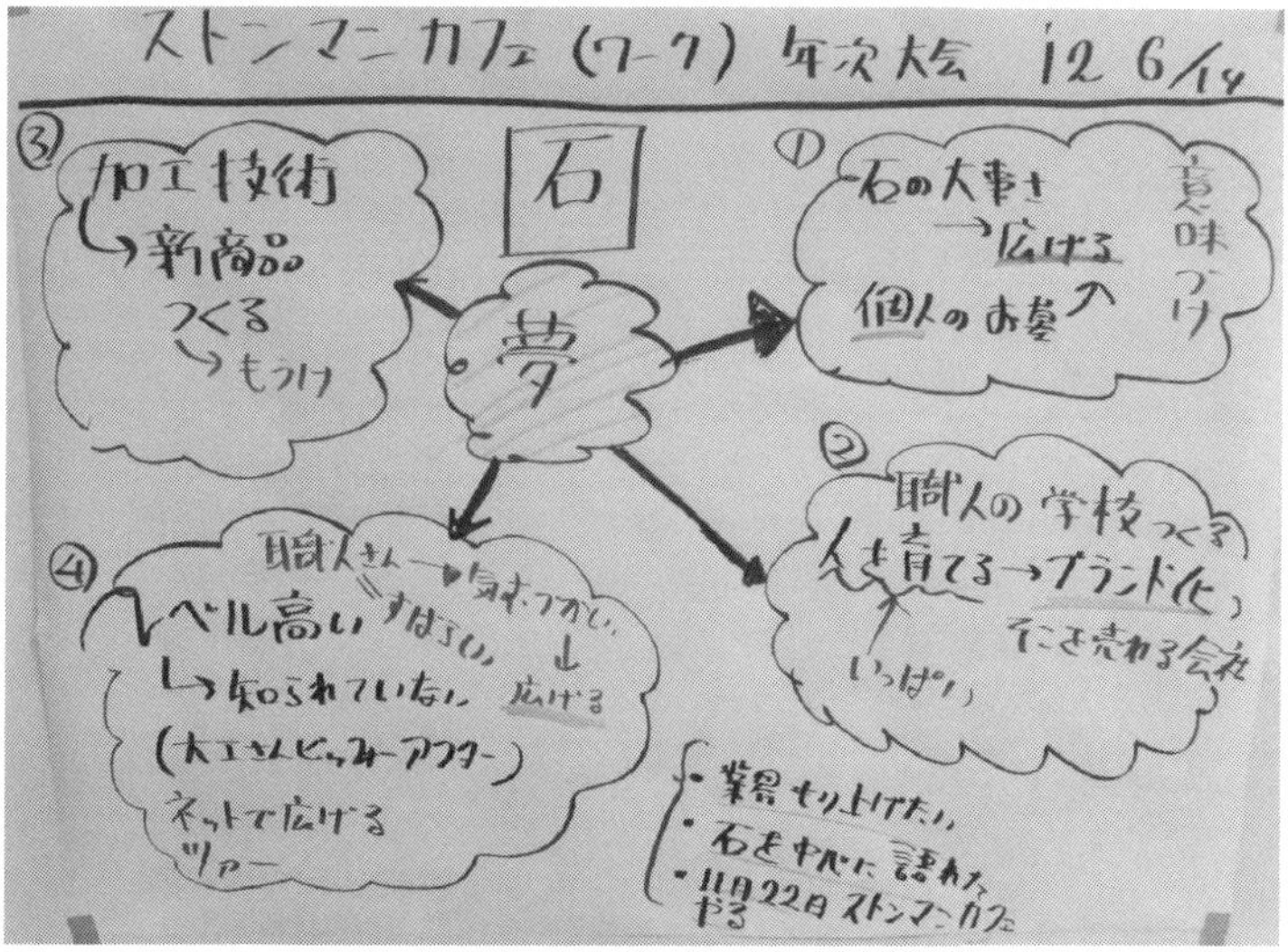

これからやっていきたい夢のまとめ

〈7回のストーンマン・カフェを3年やって見えてきたこと〉

・石材業界を一緒に盛り上げていこうという気運が高まってきた。
・お互いに話し合うということの意義を自覚してきた。
・ワールド・カフェの面白さ、有用性を理解し始めてきた。
・どんどんストーンマン・カフェをやっていこうという意欲が湧いてきた。
・継続は大切である。ストーンマン・カフェをぜひ10回は継続しよう。
・ワールド・カフェは特効薬ではなく体質改善を促す漢方薬である。じわじわ効いてくる。
・参加者が対話に慣れてきて、ワールド・カフェでの対話中の年配者の話の独占が少なくなってきた。話し合いの文化が定着してきた。

〈今後の方向性、テーマ、チャレンジ課題〉

ワールド・カフェの参加者からは今後取り組んでいきたいことについて出されたことは、以下の通りです。

・第8回としては、中国四国の地区大会で山口県で100人規模で6時間、講演もなく、ワールド・カフェに絞って、話し合いの場を作ろうという意見が出ている。
・墓石の材料として、もっと国産材のPRをしていきたい。

・消費者にも石や墓石についてもっと知ってもらいたい。消費者の要望についても、聞きたい。そのために将来は、消費者も一緒になってワールド・カフェを開催してみたい。
・ワールド・カフェの中ではグランドルールとしてお互いを否定しないようにしたいという意見が出てきた。

竹ノ内さんは、7回のストーンマン・カフェを終えて、今後、以下のようにしていきたいと考えています。

「ぜひ、前記で出てきた取り組みを協働で実施していきたい。確かに、進展はゆっくり進んでいます。このじっくり、ゆっくりが大切であると考えています。誰かが、焦って強引に進めてしまえば、皆さん引いてしまいます。参加者の声を大切にしながら一歩一歩進んでいくことが大切ではないでしょうか？

さらには、末端の消費者の満足度を上げ、ひいては、業界の活性化の実現のため、サプライチェーンのプレイヤーが協力したコスト削減、商品開発活動等をワールド・カフェなどのホールシステム・アプローチ、たとえば、ＯＳＴ、ＡＩ、フューチャーサーチを用いて実現していきたいと考えています」

4. 地域住民が持続的に管理できるシステムの確立を目指して

JICAセネガル国マングローブ管理の持続性強化プロジェクトのケース

【背景】

西アフリカのセネガル国、首都ダカールから南東に約400キロの所に位置するサルーム・デルタには、約6万ヘクタール（東京23区とほぼ同じ）のマングローブがあります。マングローブとは潮が満ち干する沿岸部に生育する植生の総称で、デルタ内で迷路のように発達した大小さまざまな水路沿いに、独特の生態系を形成しています。デルタ内・周辺の住民は、用材、薪等の森林資源として、また、魚・貝・エビ等の水産資源の漁場として、マングローブを利用しています。また、国内外の観光客が来るホテルがいくつもあり、マングローブの観光資源としての恩恵も少なからずあります。しかし、1970年代の大旱《かん》魃《ばつ》以降、雨水の流入が減ってデルタ内の塩分濃度が上昇した結果、マングローブの大規模

セネガル国のマングローブの持続的管理に係るJICAの技術協力

実施期間	スキーム	案件名	概要
2002～2005	開発調査	セネガル国プティト・コートおよびサルーム・デルタにおけるマングローブの持続的管理に係る調査	マングローブの多面的機能を考慮しながら、保全と持続的利用を図るマスター・プランを策定するとともに、その計画に基づいたいくつかのパイロット・プロジェクトを実施した。
2005～2007	技術協力プロジェクト	セネガル国サルーム・デルタにおけるマングローブ管理の持続性強化プロジェクト	対象村落（11カ村）の住民が、持続的な方法でマングローブ資源を利用・管理できる体制の構築を目指した。
2008～2009	個別専門家派遣	自然資源持続的管理アドバイザー	技術協力プロジェクトの成果の定着と発展を目的にフォローアップ業務を行った。

な枯死・後退がありました。また、1990年頃から、ギニア人等による魚（エトマローズ）の燻製《くんせい》が急速に発展し，その薪材としてマングローブの過剰な伐採が見られるようになってきました。そのため、限られた資源の持続的な管理がより重要になっています。

このような背景の中、日本の主な政府開発援助（ODA）を実施する独立行政法人国際協力機構（JICA）では、2002年から2009年まで、209ページの表に示す技術協力を実施し、住民参加によるマングローブの持続的な管理の実現に取り組んできました。

松本淳一郎さん（一般社団法人日本森林技術協会、国際協力グループの主任技師）は、上記の技術協力において、開発調査の業務調整、技術協力プロジェクトの副総括を担当した後、2008年～2009年（11カ月間）に個別専門家として派遣されました。その中で、「内外の環境の変化に自ら気づき、考え、行動を変容できる人と組織」をどのように育成・構築すればよいのか考えてきました。そして、ホールシステム・アプローチに出会いしました。

【活用までの経緯】

マングローブを含む自然資源の持続的管理というテーマを考えると、それが、今までの問題解決手法では対応が難しく、ホールシステム・アプローチが注目されるようになってきた現在のビジネス環境と類似していることに気づきます。

まず、自然資源は広範な地域に分布し、多様な利害関係者がいます。日常生活の中でマングローブを利用（薪、食糧としての魚介類等）する地域住民、地域内外の流通商品（用材、貝、エビ等）としてマングローブを利用する地域住民や業者、観光資源としてマングローブを利用するホテル、自然資源の管理権限を持つ地方自治体、資源の監視・保全を行う森林局や漁業局等、利害や立場が異なる多様な関係者が、広範な地域に存在します。理想的な管理体制としては、これらのすべての関係者が納得して協働できる最適な方策を立てるシステムを構築しなければなりません。

そして、「持続的な管理」（孫の世代まで今受けている恩恵を残しながら利用する）という長期的なスパンの中で、自然資源とそれを取り巻く環境は複雑に変化します。１９８７年に、サルーム・デルタ河口部に発達していた砂洲が大波で決壊しました。その後、エトマローズという魚が大量に遡上《そじょう》するようになったと言われています。１９９０年代に入ると、ギニア人がエトマローズの燻製を始め、デルタの住民からエトマローズとマングローブ薪材を大量に買い付けるようになりました。この燻製業は急速に発展して、現在ではデルタ住民も燻製を作るようになっています。そして、以前は見られなかったマングローブの過剰な伐採があちこちで見られるようになってきました。このような、1つの変化から連鎖的な変化が生じるダイナミクスは事前に予測できません。

したがって、自然資源の持続的な管理という長期的で大変困難な取り組みに対して、短期間に外部からできる支援は非常に限られています。絶対的に有効かつ合理的な利用・管理方法を考案することは難しいため、ある一定の状況下で有効なモデルを示すことくらいしかできないのです。そこで、状況の変化を感じ取り、その時々の最善策を考え、実行できる人と組織を育成・構築することを、同時に考えなければなりません。

2002年から、マングローブの持続的管理に係る開発調査が実施され、その中で、マスター・プランを実践するパイロット・プロジェクトが行われました。それを発展させる形で、2005年から2007年まで技術協力プロジェクトが実施されました。同プロジェクトでは、デルタの11村落を対象に、実質2年間の村落支援活動を通じて、マングローブの非木材資源をより合理的に利用して収益を上げる活動を発展させ、その収益の一部を環境基金として積み立て、植林等の保全活動に当てるという管理システムを確立させることを目指しました。

しかし、既述した通り、それは長期的に有効かつ合理的な管理システムではなく、あくまでもその時期に適したモデルであり、「自然資源の持続的な管理」を実現するという、大変困難な道のりの第1歩なのです。プロジェクトの終了後、各村落においては、状況の変化に応じて活動内容や活動の組み合わせを変更するといった対応が必要になります。デルタ全体としては、各村落で確立された手法を、別の村落の事情に合わせて応用しながら、普及していくことが必要になります。それらの過程では、多様な利害関係者との協働が必要不可欠なのです。

そこで、各村落における最後の活動として開催した2日間のワークショップ（２００７年11月）では、単にプロジェクト期間の活動を振り返るだけではなく、地域住民の主体性を最大限に引き出して次の行動につなげるため、ＡＩを活用しました。

また、２００８年10月から開始したフォローアップ活動では、同じ11村落を対象に、プロジェクトによって導入された活動の組み合わせは、あくまでモデルであり固定的なものではないことを住民に理解してもらった上で、村落やマングローブ環境の変化を敏感に察

1対1インタビューを参加者同士で相互に行いました

知し、それに必要な適応策を自律的に考え実行できる人と組織を育成・構築するため、ワールド・カフェとアクション・ラーニングを組み合わせた支援活動を松本さんは行いました。

以下に、その活動を紹介してもらいました。

【AIを活用したワークショップの開催】

ワークショップは、各村落で2日間の日程で行いました。参加者として、村のプロジェクト活動グループのメンバーの他、できる限り老若男女幅広く、20名から30名の住民を集めてもらいました。プロジェクトによって支援した活動を踏まえつつも、本当に自分たちが大切に思うことや望む将来像を具体的に視覚化することを通じて、活動を見つめ直し、より主体的な行動を促すことを目的としました。

ワークショップの最初のステップでは、参加者個人個人の最高の体験を共有して、最終的に「ポジティブコアマップ」として、参加者がやる気になる原動力や大切にしている行動指針等を視覚化しました。まず、参加者同士の1対1インタビューを、会場内外の好きな場所で行ってもらいました。インタビューでは「あなたの今までの村落開発の経験（プロジェクトの活動を含む）の中で、もっとも達成感や充実感のあった事柄は何ですか？」

という質問をして、相手のストーリーをよく聴いてもらいました。インタビュー結果は、小グループに共有し、そこで選ばれたストーリーを、今度は全体で共有しました。それぞれの発表は、本人ではなく、インタビュアーにしてもらいました。ストーリーには人を共感させる力があります。インタビュー結果を発表しながら感情が高まって泣いてしまう村人がいました。会場は独特の「感動的な」雰囲気に包まれ、静寂の中で盛り上がるのが感じられました。発表が終わるたびに、堰《せき》を切ったように歌や太鼓や踊りが繰り広げられました。

一方、全体で各小グループから選ばれたストーリーが話されている間、プロジェクト・スタッフがストーリーのエッセンスをどんど

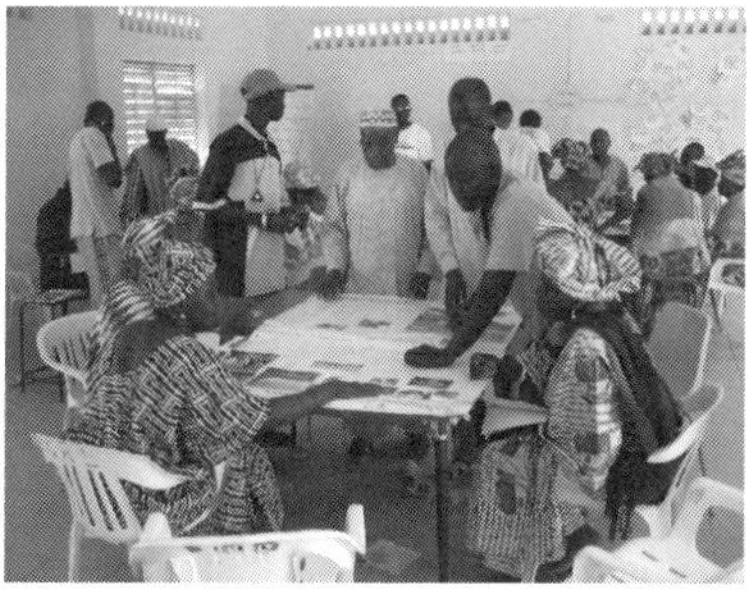

小グループに分かれて「ドリームマップ」を作成しました

小グループで作成した「ドリームマップ」を発表しました

んA5サイズの紙に書いては壁に貼っていきました。したがって、すべての発表が終わると、壁にはそれぞれのストーリーのエッセンスが貼り出されていました。ファシリテーターが1つ1つのエッセンスを読み上げて、参加者全員の意見を聞きながら、共通するものをまとめて、それぞれのまとまりを表現する言葉を付けていきました。こうして「ポジティブコアマップ」ができあがりました。

まとまりに付けられたタイトルには、たとえば、「信頼」や「団結」といった言葉が多くの村で見られました。抽象化されたこれらの言葉は、もしかすると、SWOT分析等の手法を用いて、村の強みを抽出しても同じ結果になったかもしれません。しかし、個人的な体験と共感から積み上げて導き出した言葉には、単に「あなたの村落の強みは何ですか？」と聞いて出てくる言葉とは異なる、実感が伴った力があります。

次のステップでは、参加者が小グループに分かれて「10年後の理想の村」というテーマで「ドリームマップ」（参照：『3年後〝なりたい自分〟になれるドリームマップ』秋田稲美・大和出版）を作りました。この楽しく感覚的な作業で将来の具体的な理想像を視覚化する方法はAI（ドリーム）に最適でした。各小グループにはA0サイズの模造紙と、数冊の雑誌とプロジェクト活動写真が渡されました。参加者は雑誌やプロジェクト活動の写真から、テーマを表現する写真を切り抜いて模造紙に貼っていきました。こうして作成された「ドリームマップ」を小グループごとに発表した後、それぞれの要素をまとめて村全体の「ドリームマップ」を作成しました。小グループによる「ドリームマップ」の発表では、会場はとても楽しく盛り上がりました。

ある村では、普段寡黙で冷静なリーダーが発表後に踊ったため、プロジェクト・チームを含めて参加者全員が驚き喜びました。彼は「自分たちの理想の村が具体的に表現できて、うれしくて、つい踊ってしまった。村で初めて踊ったよ」と話してくれました。

2日目の最初のステップは、1日目の成果をもとにしたダイアログでした。「ポジティブコアアップ」で明確にした自分たちの行動指針を大切にしながら、「ドリームマップ」で明確にした将来を実現するためには、どうすれば良いのかについて、話し合いました。こうして、具体的なアクションを列挙していきました。

その後、プロジェクト・スタッフがアクションを記入した用紙を、会場全体の壁に間隔をとって貼っていきました。参加者は自分が貢献したいアクションに集まり、「まず第1歩として何をするか」について話し合った後、それを全体で発表しました。

［ホールシステム・アプローチとアクション・ラーニングを組み合わせたフォローアップ］

2008年10月から松本さんは、個別専門家としてプロジェクトのフォローアップを開始しました。首都における立ち上げ業務を終えて各村落を再び訪問したのは、最後にＡＩワークショップをやってからほぼ1年がたった時でした。ある村では、「ちょうどいいタイミングだね。ちょっと熱も冷めてきて、気が緩んでいる感じだ」と言われました。フォローアップを開始するに当たり、もう一度、村落住民と、現在の立ち位置と今後の方向性を確認する必要がありました。

そこで、①ワールド・カフェによる開始ワークショップ、②アクション・ラーニングによるモニタリング、③フューチャーサーチを応用した自己評価ワークショップというフォローアップ計画を立てました。

ワールド・カフェによる開始ワークショップは、各村落において20～30名の住民を集めて行いました。会場は小学校の教室、ＮＧＯの会議室、村長宅の中庭等、村落によってさまざまでした。「あなたの孫の世代ま

村ごとに老若男女を集めワールド・カフェを行いました

で、今受けている恩恵を残しながら、マングローブを利用するには、どうすれば良いでしょうか？」という問いについて、3ラウンドの小グループによる話し合いをした後、各グループが話し合った内容を発表しました。

カフェ・ホスト（松本さんのアシスタント）、カウンターパートの森林局職員、ワークショップに立ち会った地元森林官が手分けして、発表内容のエッセンスをA5サイズの紙に記入して、会場の壁に貼っていきました。貼る際には、分野ごとにビジョンとアクションに分けていきました。したがって、すべてのグループの発表が終わった時、壁には、分野ごとの行動計画ができあがっていました。壁に貼られたカードをカフェ・ホストが1枚1枚読みながら、話し合いの意図と壁に貼られた位置が正しいか確認しつつ、行動計画を全体で共有していきました。

小学校の教室を借りてワールド・カフェを行いました

個人、村、外部とのつながりの年表を作成しました

開始ワークショップの後、約1カ月に一度、各村落を訪問して、モニタリング会議を開きました。参加者は基本的に活動グループのリーダーが対象でしたが、希望者は誰でも参加できるオープンな会議にしました。会議は、アクション・ラーニングの「質問会議」（参照：『質問会議　なぜ質問だけの会議で生産性が上がるのか?』清宮普美代・PHP）のルールとプロセスに沿って行いました。アクション・ラーニングは少人数のチーム学習法であり、ホールシステム・アプローチとは異なります。

しかし、どんな個人や組織でも自分の問題を解決する潜在能力を無限に秘めているという大前提に立っていること、ダイアログを核とし、それが実現できる「安全な場」を提供することを重視していること、ファシリテーター（ALコーチ）が議論内容や問題解決には直接関与せず、参加者の学習に焦点を当てること等、

村の今の状況をマインドマップで表現しました

共通点が多い手法です。

モニタリング会議で決定したアクションは、住民自身が次の会議までに実施し、次の会議はその結果を踏まえて行いました。

数カ月にわたり、周期的に村を訪問してモニタリング会議を行った後、フォローアップの最後の活動として、各村落において1日の自己評価ワークショップを開きました。このワークショップでは、フューチャーサーチの手順を応用しました。

まず、2002年から2009年までの支援期間を振り返り、個人、村落、村落外とのつながりの3つのレベルの年表を作成しました。そして、村落の現状をマインドマップで表現した後、「誇りに思うこと」「残念に思うこと」を列記しました。これらの作業を踏まえながら、理想的な村落を明記し、最後に、それを実現するために必要なアクションを挙げました。

これら一連の作業は、すべて全体ワークで、ファシリテーターが参加者全員に質問し、出てきた意見を前もって準備しておいた模造紙に列記していくという方法で行いました。

【成果と考察】

ホールシステム・アプローチとアクション・ラーニングを活用した支援は、村落住民を対象としていました。彼らの多くが読み書きできないことや、2日以上連続した参加は難しいこと等を踏まえて、各手法の綿密に設計された構造は崩して活用されています。それでもほとんどの参加者が、今までに参加したワークショップでは経験したことのない充実感と達成感を味わうことができたようです。その結果、彼らの主体的で創造的な行動が引き出され、いくつかの手ごたえのある成果が得られています。

ここでは、「内外の環境の変化に自ら気づき、考え、行動を変容できる人と組織」の育成・構築という観点から、もっとも顕著な事例を3つ紹介してもらいました。

事例1：ダシラメ村では、村落内にあるいくつもの活動グループの間のコミュニケーションが不足しているという問題意識を持っていました。そこで、グループ・リーダー会議を開くことを自分たちで決め、実行しました。その結果、外部からの支援を村内のグループで奪い合い、対立と不信感を招いていたことを反省し、窓口を村落開発委員会に一本化することを決定しました。この村は、もともとリーダー格の人材が多くいる、外部支援者にとっては「優秀」な村でした。そのため、多くの外部支援が行われました。ほとんどの外部支援は報酬の支払いや資機材の供与などの便益を伴うので、それが争いの原因になってしまったのです。

主体的なグループ・リーダー会議の結果、今までほとんど機能していなかった村落開発委員会の求心力が高まるとともに、村内の雰囲気を改善しました。2009年には、参加者には報酬が支払われるにもかかわらず、あるNGOが持ちかけたマングローブ植林を断りました。そして、自分たちでマングローブとユーカリ等の村落林の植林を行いました。

2007年にAIワークショップを行った時、「今までの最高の体験は、自分たちで決めて植林したことだ」と1人の女性リーダーが言ったのが思い出されます。彼らは、自分たちの大切に思っている原点を取り戻したのです。

事例2：シオ村では、マングローブや村落林の植林をもっと活発に行うため、環境基金の

収入をもっと増やしたいと考えました。技術協力プロジェクトでは、村でもともと

と行われていた貝加工活動を改善して収益を増やし、その一部を環境基金に入れるという仕組みを構築しました。しかし、シオ村の植林活動を推進するリーダーたちは、それだけでは十分な基金が得られないと考えました。

そこで彼らは、魚の燻製、桟橋管理、相撲大会等の収益を上げている活動から環境基金に出資してもらえないか呼びかけることを決定しました。その後、各活動の管理グループへの根回しを行い、住民集会を開いて村全体の正式な承認を取り付けました。

そしてこれらの活動から環境基金へ出資してもらうことに成功しました。さらに、この体制を維持するため、報告会を定期開催することも決定しました。

事例3：ムンデ村では、女性グループを中心に、いろんな村落活動が盛んに行われていましたが、若年層の参加が少ないという悩みがありました。そこで、「若者の話を聴く」会を開きました。また、美味しいジュースが作れるディタという樹の実の管理がうまくいっていないという問題がありました。近年、その価値が高まり、都市部からの買い付けが急増したため、今まで暗黙の了解でうまく管理できていたものが、できなくなってきたのです。ある者が、夜中に熟した実を全部採って独り占めにするという事件が起きました。村人が競って早熟の実を採るため、品質が落ちてしまいました。

そこで村内の調整機能を強化するため、既存の村落開発委員会を再編制することを決定しました。村落開発委員会は、昔からの活動リーダーたち（年配者）が取り仕切っていました。住民集会の結果、村の発展に貢献したいという強い熱意を持った若者が新しい委員長に選ばれました。そして若年層を中心にした事務局と年配者のオブザーバーから成る新たな村落開発委員会が編制されました。若い新リーダーのもと、村内におけるディタの実の管理が行われました。

フォローアップの最後の活動、自己評価ワークショップの時、新リーダーが今後の展望を次のように語りました。「この1年、村内でディタの実の管理に取り組んできたが、周辺村落との協力がなければ適正な管理は達成できないことがわかった。来年の収穫期に向けて、周辺村落と協議したい」。自然資源は地域に広がっているので、村落単位で管理するのではなく、地域で管理するのが本来あるべき姿です。彼は、その必要性に自ら気づき、第1歩を踏み出そうと宣言したのです。

2009年にフォローアップ業務が終了して以来、松本さんはセネガル国を訪ねていませんが、当時、アシスタントをしてくれたセネガル人が、うれしい話をしてくれたそうです。つい最近（2012年）、国連FAO（食糧農業機関）の専門家が、「ムンデ村の村落開発委員会の世代交代はどのように行ったのか？」と、わざわざ彼の家に訊きに来ました。デルタ内・周辺には数多くの村落があります。村の中心的な組織がムンデ村のように世代交代している村は、他にないからです。元アシスタントが、松本さんと行った支援内容を説明すると、彼は「信じられない」と言って帰ったそうでした。

早急な成果を求めるあまり、外部支援者が解決策を考えて助言・指導（指示・命令）し、時に報酬や資機材で釣りながら行動を促してきたのが従来の支援でした。被支援者が自ら考え、決定し、行動する環境を作るホールシステム・アプローチやアクション・ラーニングを活用した支援は、問題解決に直接関与しないため、大変じれったく、根気がいるかもしれません。しかし、従来の支援では「信じられない」ような成果を生むことができます。

特別巻末

ホールシステム・アプローチのさまざまな方法

～4つの実践の仕組み～

本書で紹介したホールシステム・アプローチは、ダイアログおよびホールシステム・アプローチと呼ばれる一群の会話の手法を念頭においたものです。

そこでホールシステム・アプローチに属する手法のうち特に有名な4つの手法について簡単な解説をします。しかし、その前にホールシステム・アプローチの全体的な特徴について述べることにします。

なお、ホールシステム・アプローチの各手法の詳細については『ホールシステム・アプローチ』（香取一昭・大川恒著・日本経済新聞出版社）をご参照ください。

ホールシステム・アプローチは1980年代から90年代の半ばにかけてアメリカで開発された会話の手法です。その特徴は1000名規模の参加者を一堂に集めても行える大規模な会話の方法であるという点にあります。これは、検討しようとする課題に関係している人々をできるだけ多く集めるという考え方に基づいているからです。「ホールシステム」という名前も、課題に関係するすべてのステークホルダーからなるシステム全体を一堂に集めることにより全体システムの「マイクロコズム（小宇宙）」を作り出すという考え方に由来しています。

ホールシステム・アプローチには、この他にも次のような共通した特徴があります。

ダイアログからホールシステム・アプローチへ

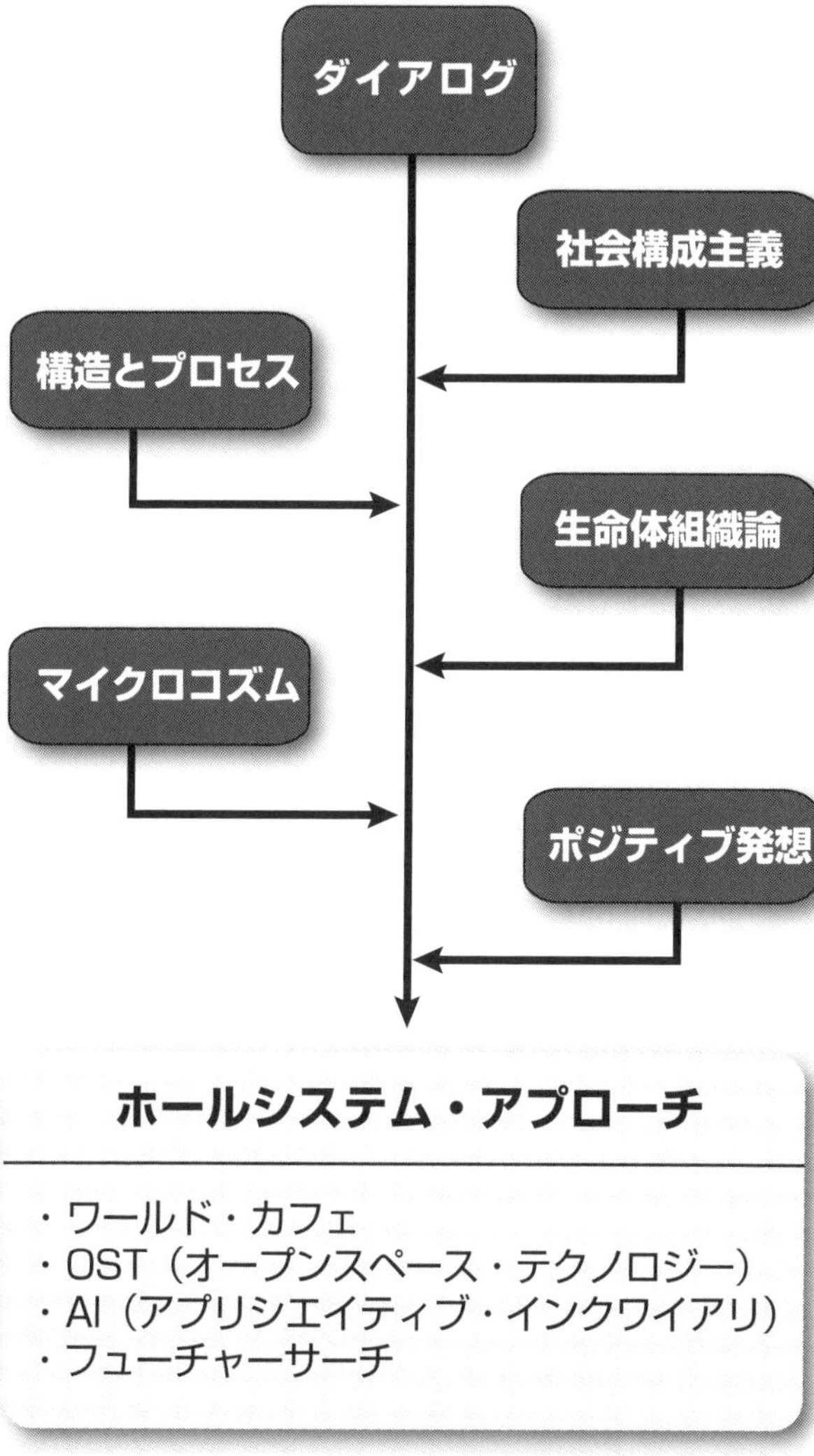

（1）ダイアログそのものに比べて、構造とプロセスが詳細に作り込まれている

（2）社会構成主義の考え方に基づいていて、相互作用を重視するとともに、言葉が未来を創るという仮説を前提にしている

（3）組織は生命体であるとの前提に立って、生命体が持つ自己組織化能力が最大限に発揮されるような環境を作ることを重視している

（4）問題点に焦点を当てるのではなく、強みや成功体験などに目を向けるポジティブな発想が背後にある

ホールシステム・アプローチは、単に会議運営の手法というだけにとどまらず、組織変革を進めるための考え方や方法論としての側面もあります。

「カンファレンス・モデル」というホールシステム・アプローチの方法を開発したリチャード・アクセルロッド氏によると、組織変革の方法は、リーダーが主導する変革から、専門家によるプロセスの再設計、小集団活動に代表されるようなパラレル組織（階層別の変革チーム）による変革、専門家と変革チームが協力して変革を推進するチェンジ・マネジメントへと進化してきました。

しかし、組織階層別の小グループによる変革では、組織全体を変革するために時間がか

組織変革プロセスの変遷とホールシステム・アプローチ

リーダー主導の変革	・指示命令型のリーダーによる変革	リーダーが変革を主導する
プロセス主導の変革	・専門家によるプロセス再設計 ・インダストリアルエンジニアリング、戦略計画、ＩＴなど	専門家が問題を解決する
チーム主導の変革	・パラレル組織（階層別変革チーム） ・小集団活動など	全員で問題を解決する
チェンジ・マネジメント	・パラレル組織とプロセス指向との組み合わせ ・専門家とチームが変革を主導する ・リエンジニアリング、サプライチェーンマネジメントなど	専門家がホールシステムを改善する
エンゲイジメントパラダイム（ホールシステム・チェンジ）	**４つの原理に基づいた変革プロセス** ・より多くの人を巻き込む ・人々やアイデアをつなぐ ・行動のためのコミュニティを作る ・民主主義を実践する	全員でホールシステムを改善する

出所：Richard Axelrod "The Terms of Engagement" Berret-Koehler,2002および
Marvin Weisbord & Sandra Janoff "Future Search" Berrett-Koehler, 2000より作成

かりすぎるという限界があきらかになってきました。そこで、組織階層や既存の組織の境界に限定せずに関係者をすべて巻き込んで変革を進めようとする考え方が台頭してきました。これが「ホールシステム・アプローチ」と呼ばれる変革のプロセスであり、その具体的な会議運営の方法でもあるわけです。

ワールド・カフェ

ワールド・カフェは1995年にアニータ・ブラウンとデイビッド・アイザックスにより開発されました。ワールド・カフェにおける会話は、協働的ダイアログを促進し、ナレッジの共有化を行い、あらゆる規模のグループによる行動の可能性を作り上げるための創造的なプロセスです。

ワールド・カフェにおいては、実際のカフェでのインフォーマルな会話のように、リラックスした雰囲気の中で、テーマに集中した話し合いができるように工夫されています。

また、小グループをより大きなグループと結び付けることにより、重要な課題についての協調的思考能力を向上させることを狙いとしています。

ワールド・カフェではメンバーの組み合わせを変えながら、4～5人単位の小グループで話し合いを続けることにより、あたかも参加者全員が話し合っているような効果が得られることに、その特徴があります。

参加者数は最低20～30人程度ですが、規模が大きくなっても対応可能で、1000人以上の参加者によるワールド・カフェも行われています。

ワールド・カフェは2～3時間程度あれば実施可能だという手軽さや、プロセスが比較的単純で、ファシリテーションがしやすいなどの利点があります。

このため、最近では多くの企業やNPOなどで、教育研修や組織変革、ビジョン策定、社内コミュニケーションの活性化などに幅広く使われるようになってきています。

なお、「ワールド・カフェの基本プロセス」および「プロセスのバリエーション」、「ワールド・カフェの7つの原則」「カフェ・エチケット」を次にまとめておきます。

ワールド・カフェの基本プロセス

第1ラウンド 20-30分	テーマについて**探究**する	４人ずつテーブルに座って、テーマ（問い）について話し合う
↓	↓	
第2ラウンド 20-30分	アイデアを**他花受粉**する	各テーブルに１名のホストだけを残して他のメンバーは旅人として別のテーブルに行く。新しい組み合わせになったので、改めて自己紹介し、テーブル・ホストが自分のテーブルでのダイアログ内容について説明する。旅人は、自分のテーブルで出たアイデアを紹介し、つながりを探究する
↓	↓	
第3ラウンド 20-30分	気づきや発見を**統合**する	旅人が元のテーブルに戻り、旅で得たアイデアを紹介し合いながらダイアログを継続する
↓	↓	
全体会議 20-30分	集合的な発見を**収穫し、共有**する	カフェ・ホストがファシリテーターとなっての全体でのダイアログ

出所：『ワールドカフェ』（アニータ・ブラウン、デイビッド・アイザックス著、香取一昭・川口大輔訳）に基づき作成

プロセスのバリエーション

テーマ

◆ 各ラウンドごとに問い（テーマ）を変えてダイアログを進める
◆ 各テーブルごとに別の問い（テーマ）でダイアログをする

ホスト

◆ ラウンドが変わるたびにホストを代える
◆ ホストは最後まで代えない

ラウンドの構成

◆ 第２ラウンドでは、旅人が他のテーブルに行って、話を聴き、印象に残ったキーワードなどを持ち帰るだけで、話し合いはしない。第２ラウンドは短時間ですませて、元のテーブルに戻り、旅で得たアイデアを持ち寄ってダイアログを再開する
◆ ３ラウンドに限定せず、何ラウンドでも繰り返す

全体会議

◆ 全体会議の前に「沈黙の時間」を設けて、その間に各人が洞察をメモする
◆ 各人がもっとも重要と考えるアイデアを大きなポストイットに書き出して壁に貼り出す
◆ 各人のアイデアや問いをホスト（ファシリテーター）が読み上げながら整理して貼り出す
◆ 全体会議の模様をグラフィック・レコーダーが模造紙に描き出す

出所：『ワールド・カフェ』（アニータ・ブラウン、デイビッド・アイザックス著、香取一昭・川口大輔訳）に基づき作成

ワールド・カフェの7つの原則

① コンテキストを設定する

② 温かいもてなしの空間を作る

③ 重要なテーマ（問い）について探究する

④ 全員が貢献する

⑤ 多様なものの見方を結合する

⑥ 共に耳を傾けてパターンや洞察、より深い問いを得る

⑦ 皆で発見したことを収穫する

出所：『ワールド・カフェ』（アニータ・ブラウン、デイビッド・アイザックス著、香取一昭・川口大輔訳）に基づき作成

カフェ・エチケット

本日のテーマ（問い）に意識を集中して
話し合ってください

あなたの考えを積極的に話してください

本音で率直に話し合いましょう

相手の話をよく理解しようとして聴いてください

さまざまなアイデアの関係を考え、
アイデアをつなぎ合わせてみてください

共に耳を傾けて、深い洞察や問いを探してください

遊び心で、いたずら書きをしたり、
絵を描いたりしてください

会話を楽しんでください！

出所：『ワールド・カフェ』（アニータ・ブラウン、デイビッド・
アイザックス著、香取一昭・川口大輔訳）に基づき作成

OST（オープンスペース・テクノロジー）

ハリソン・オーエン氏により1985年に開発されて以来、多くの国々で広く活用されている手法です。参加者の規模は、大規模なものでは、1500人以上で実施した事例もあります。

OSTでは、重要な課題について、関係者を一堂に集めて、参加者が解決したい課題や議論したい課題を自ら提案し、自主的にスケジュールを決めて会議を進めていきます。

参加者の当事者意識と自己組織化能力を最大限に引き出すことにより、参加者が納得できる合意に到達できるようにするところに最大の特徴があると言えます。一見、自由度が高く見えますが、実際には話し合いの構造とプロセスがきちっと組み込まれています。

OSTでは、規模を問わず、参加者が、能率良く自らの課題と機会に対して、短時間で効果的な解決策を見つけることができるように設計されています。

コーヒーブレイクがもたらす自由で開放的でエネルギーに満ちた場作りの有意義な経験をワークショップで再現するために創造したものなので、純粋な楽しさや、インスピレー

OSTの標準的なスケジュール

1日目	2日目	3日目（オプション）
9:00～10:30 開始とアジェンダ設定	9:00～9:30 モーニング･アナウンスメント	9:00～10:30 議題を読み上げて、優先順位づけする
10:30～12:00 第1セッション	9:30～11:00 第1セッション	10:30～11:00 結果の集計
12:00～13:30 昼食	11:00～12:30 第2セッション	11:00～12:00 議題を収束し、アクションプランを作成
13:30～15:00 第2セッション	12:30～14:00 昼食	12:00～13:00 昼食
15:00～16:30 第3セッション	14:00～15:30 第3セッション	13:00～14:00 アクション･グループ顔合わせ
16:30～17:00 イブニング･ニュース	15:30～17:00 第4セッション	14:00～15:00 クロージング
	16:30～17:00 イブニング･ニュース	
1日間だけのOSTの場合は、イブニング・ニュースはクロージング（閉会）に変更され、時間的には少なくとも1時間半は延長されることになる。	2日間のOSTの場合は、イブニング・ニュースはクロージング（閉会）に変更され、時間的には少なくとも1時間半は延長されることになる。	

出所：『オープン・スペース・テクノロジー』（ハリソン・オーエン著、㈱ヒューマンバリュー訳）より作成

4つの原則

参加してきた人は誰であれ適切な人である

何事においても偉大な結果を出す人は、その問題を大切だと考え、自ら進んで参加してくる人々なのだ。

いつ始まろうと、その時が正しい時である

スピリットは時計に従って動くものではない。だから我々はここにいる間は、いつ出現するかもしれない偉大なアイデアや新しい洞察に注意を持って集中していることが求められる。

何が起ころうと、それが、
起こりうるべき唯一のことである

こうありえたかもしれない、こうだったかもしれない、こうあるべきだったという考えは捨てて、今現に起こっていること、現在可能になっていることなどの現実に全神経を注ぐことが大切だ。

いつ終わろうと、終わった時が終わりである

与えられた課題に取り組むのに、どれほどの時間が必要かわからないので、恣意的に決めたスケジュールに従うのではなく、仕事をやり遂げることがより重要だということ。

出所：『オープン・スペース・テクノロジー』（ハリソン・オーエン著、㈱ヒューマンバリュー訳）より作成

移動性の法則

・どのように時間を使うかはあなたの責任である。グループの中で貢献できていなかったり学習できていないなら、自分が学んだり貢献できるところに移動すべきである。

・グループの中に上司がいて、あなたは学んだり貢献したりしていないと感じたならば、この「移動性の法則」に従うべきである！

マルハナバチ

・自然界では、マルハナバチは花から花へと移動して花の交配を手助けしている

・OST では、マルハナバチは、ミーティングからミーティングへと移動する

・他のグループでどのような議論が行われているかについての情報により、ミーティングの交配を行うことは極めて重要である

・だから彼らのことを無作法だなどと思ってはいけない

蝶

・蝶はただ飛び回っているだけなので、なかなか理解しづらい存在である

・蝶はかなりの時間をコーヒー・テーブルやニューズ・ルームで費やしているかもしれない

・しばしば蝶は知恵者であるかもしれない。また、OST のホストかもしれない

・蝶はけっして怠け者ではない

出所：『オープン・スペース・テクノロジー』（ハリソン・オーエン著、㈱ヒューマンバリュー訳）より作成

ションが起こり、創造性や協力が可能となるプロセスだと言えるでしょう。

なお、「OSTの標準的なスケジュール」および「4つの原則」「移動性の法則」を239ページからにまとめてあります。

AI（アプリシエイティブ・インクワイアリ）

1980年、米国オハイオ州で、大学院博士課程に在籍していた若きクーパーライダー青年が地元クリーブランド総合病院における実習で、病院がもっとも効果的に機能する要因を分析したところ、ポジティブな経験が大きな影響を及ぼしていることを発見し、学位論文として発表したことがAIの起源だとされています。

AIの特徴として挙げられるのは次の4点があります。

(1) 人間に本来的に備わっている豊かなナレッジと強みを活用することにより、適応力のある学習する組織を実現することが可能になるとの信念に基づいている。

（2）過去の延長線上に未来を思い描くのではなく、ポジティブな発想を重視することにより、未来を生成しようとしている。
（3）ポジティブな言葉とストーリーテリングの力を活用している。
（4）組織横断的で全階層を巻き込んだ大規模なインタビューやダイアログを行うことによりホールシステムを巻き込んだ変革を目指している。

ＡＩが前提としていることとして、次の３点が特に重要です。

（1）人は個人的にも組織的にも活力を生み出すために固有の能力やスキルを有しており、貢献する意欲がある。
（2）組織は人による社会システムであり、言葉により作られ維持されている無限の関係構築能力の源である。
（3）将来についてのイメージは、社会的に作られるものであり、それがひとたび確立すれば、個人レベルおよび社会レベルの行動の基礎となる。

「ＡＩの４Ｄサイクル」および「ＡＩの６つの原則」を次にまとめておきます。

AIの4Dサイクル

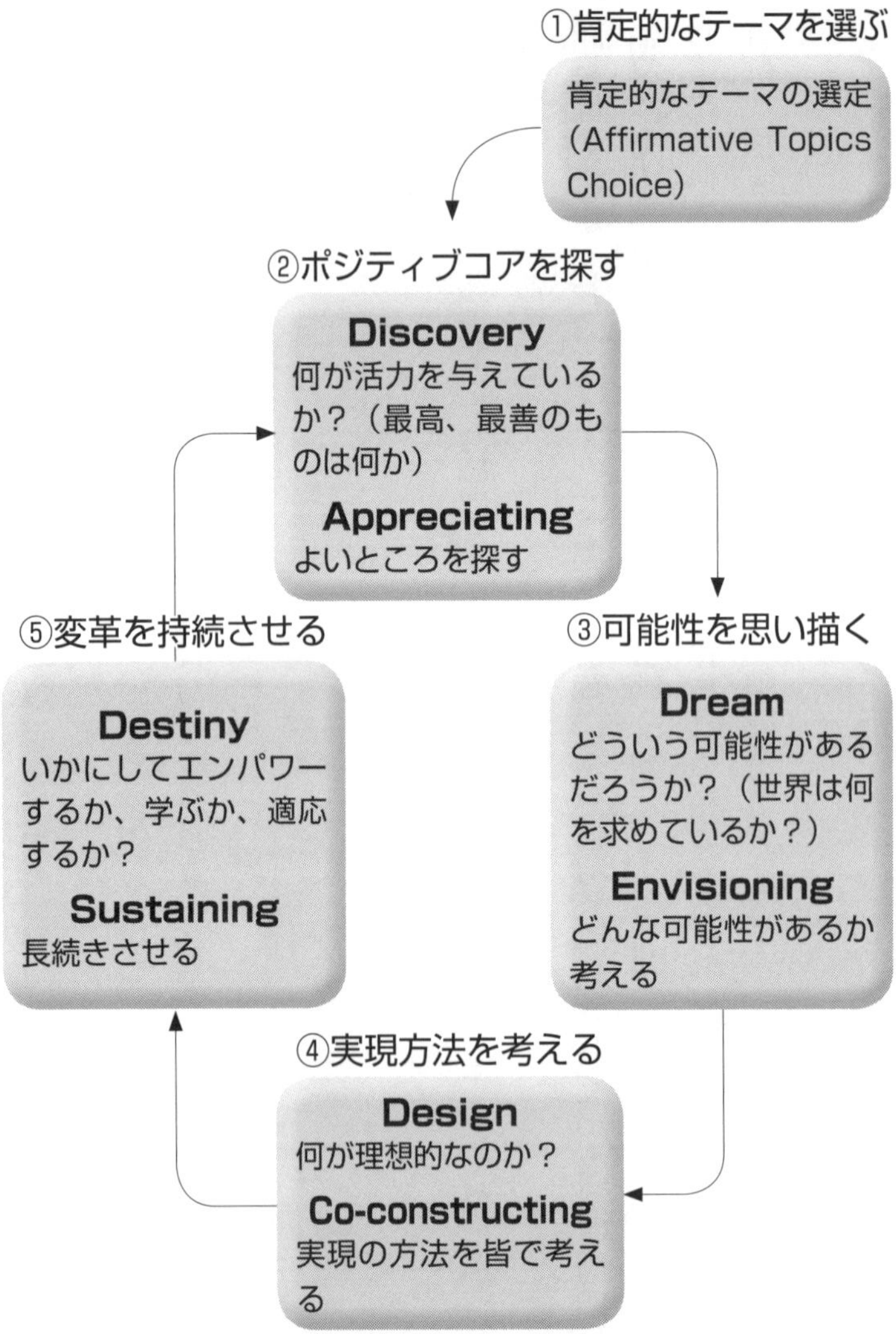

出典：David Cooperrider, Diana Whitney, Jacqueline Stavros "Appreciative Inquiry Handbook" 2003より作成

AIの6つの原則

・構成主義原則

組織は会話によって成り立っている
ナレッジは相互作用により生み出される

・同時性の原則

問いを発した瞬間から未来が始まる
問いを発することにより、既存の概念を打ち破る関係性の構築、知識共有・学習機会の創造、やる気の鼓舞が可能になる

・詩的原則

組織は開かれた本のようなものである
ストーリーテリングによりポジティブな価値の共有が可能になる

・予見性の原則

未来についてのアクティブなイメージを持つことにより、大きな変革を実現できる

・肯定性の原則

質問が肯定的で活気を与えるものであればあるほど、変化は大きく持続的なものになる

・全体性の原則

システム全体によって、未来が語られる

出典：David Cooperrider, Diana Whitney, Jacqueline Stavros“Appreciative Inquiry Handbook”2003より作成

フューチャーサーチ

フューチャーサーチとは特定の課題に関係するすべてのステークホルダーを招いて、過去、現在、および未来についてさまざまな角度からダイアログを行い、参加者全員が合意できる共通の価値（コモングラウンド）を見いだし、将来のビジョンを描き、それを実現するためのアクションプランを作るプロセスです。

１９８７年にマーヴィン・ワイスボードにより提唱され、その後サンドラ・ジャノフなどによって改良が加えられ、１９９５年頃までに確立されました。

フューチャーサーチの最大の特徴は、「システム全体」へのこだわりにあります。ここでシステムとは、共通の目的に向かって、共に取り組んでいる、機関やコミュニティ、組織、または人々のグループです。

フューチャーサーチでは、システムを構成するすべてのステークホルダーが会議に参加することを最優先にしています。このため、すべてのステークホルダーを集める見込みがない場合には、フューチャーサーチの開催を断念することにしています。

このほかの特徴としては次が挙げられます。

(1) 結果（アクション）を生み出すことに重点を置いた設計になっている
(2) 合意できるものに焦点を当てる。そのため合意できないものは横に置いて進める
(3) 個人ワーク、グループワーク（ステークホルダーごとのグループとミックスグループ）、全体討論を積み上げていくことにより、全体性を感じとられるように作られている
(4) 「理想的な未来のシナリオ」を描くところでは、寸劇、詩、物語など多様な表現方法がとられている
(5) マインドマップやOSTなど他の手法も積極的に取り入れている

なお、フューチャーサーチの場合、参加者数はステークホルダーの数の2乗と決められており、最適な参加者数は64名であるとされています。この点について見ると、他の手法では人数制限がないという点で特徴的です。

「フューチャーサーチのプロセス」と「4つの原理」を次にまとめておきます。

フューチャーサーチのプロセス

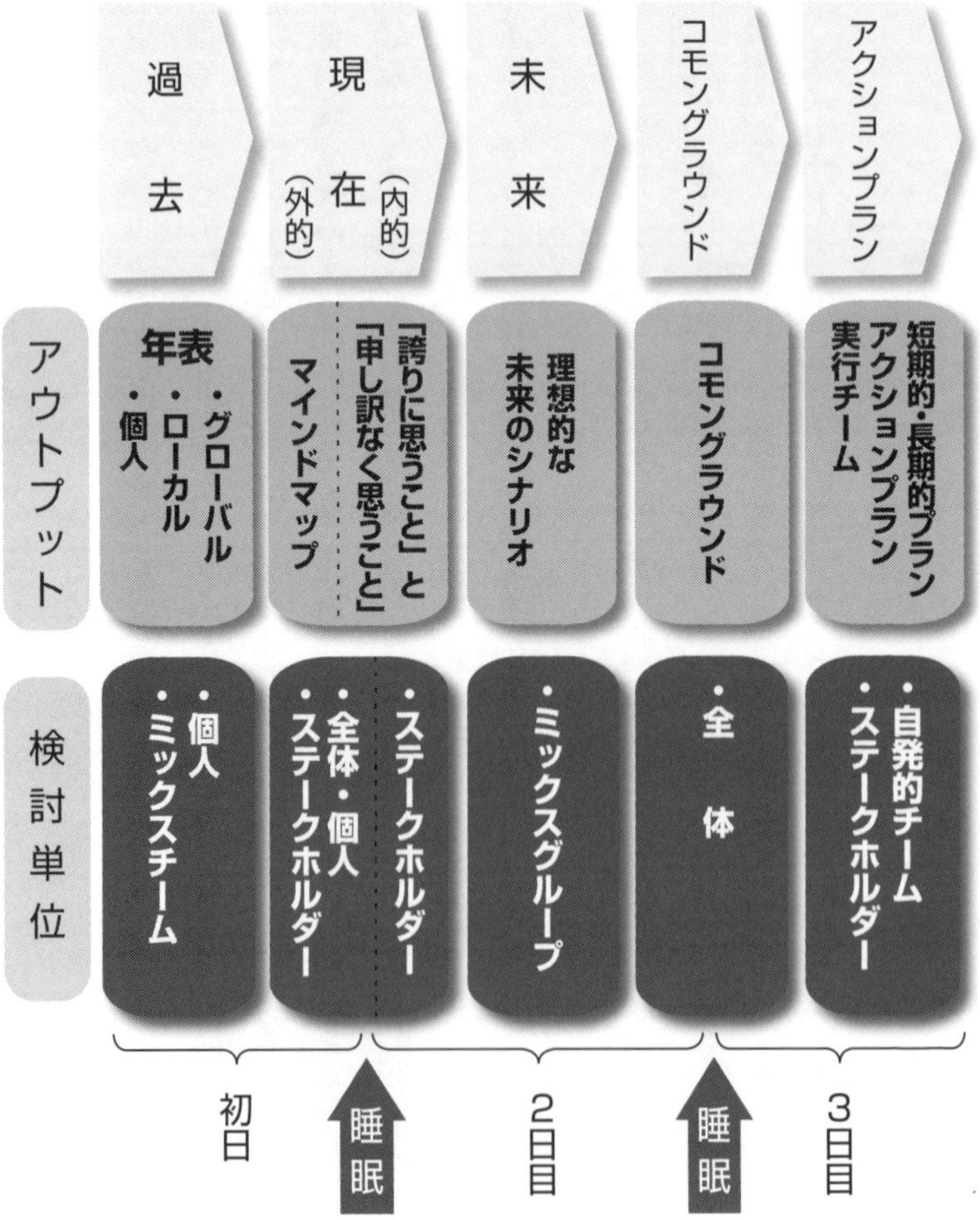

出所：Marvin Weisbord & Sandra Janoff “Future Search” Berrett-Koehler Publishers,2000に基づいて作成

4つの原理

ホールシステムを一堂に集める

・全体像を把握するためには、多様な視点が必要
・参加者ができるだけ多くの新しい関係を築くことができるようにして実行されるアクションプランを作りやすくする

部分に働きかける前に、全体像を探求する

・オープンシステムの前提に立ち、外部トレンドを検討してから対象とするローカルシステムに取り組む

将来とコモングラウンド（共通の価値）に焦点を当てる

・対立や違いがあることは認めるが、それに取り組むことはしない

自律的に運営し、行動に責任を取る

・ディスカッション・リーダー（司会、進行役）、レコーダー（記録係）、レポーター（報告者、発表者）、タイムキーパー（時間管理係）を決めて自主的に運営する

出所：Marvin Weisbord & Sandra Janoff“Future Search”Berrett-Koehler Publishers,2000に基づいて作成

あとがき

私たちは、今、大きな「パラダイム転換」を経験しつつあります。ホールシステム・アプローチは、そうしたパラダイム転換を背景として注目され、実践されてきているのです。私たちが注目しているパラダイム転換には、次のようなものが含まれています。

●二元論的世界観から統合的世界観への転換
（コントロールからコラボレーションへの動きや、ホリスティックなものの見方など）
●人や組織を機械として見る見方から生命体として見る見方への転換
（自己組織化能力に対する注目など）
●量的拡大を是とする見方から質的充実を重視する見方への転換
（直線的理解からシステム的理解への変化など）
●ナレッジは客観的なものだとする考えから、相互作用の中で作り出されていくものだとする考えへの転換

（「教える」から「学ぶ」への重点の移動、「ストック」としてのナレッジから「フロー」としてのナレッジへの重点の移動など）

こうしたパラダイムの転換は、最近における量子物理学や、カオス理論、複雑性の理論、生命科学、脳生理学、心理学などをはじめとする「ニューサイエンス」の進展に触発されてきた面が大きいようです。18世紀のニュートン物理学に基礎をおく西洋的合理主義が産業革命を推進し、その後の社会・経済・政治のシステムもそれに合致するように作られてきたのだと考えられます。20世紀に興ったニューサイエンスは、まさにそうしたパラダイムの転換を促すものだったのです。そしてこのことは、西洋的合理主義から東洋思想への転換だとも言えるかもしれません。

しかし、新しいパラダイムが多くの人々によって受け入れられ、それが具体的な行動となり、社会・経済・政治のシステムに具現化されるまでには時間がかかります。そういう意味で、私たちは2つのパラダイムが並立している時代に生きているのだと言えるでしょう。そして、今回の一連の経済変動は、パラダイム転換をさらに一歩先に進めるきっかけになるのではないかと考えます。

最近、学習する組織に関連する会議に出席したり、関連する本を読んでいると、「民主主義を見直そう」というメッセージをしばしば耳にするようになりました。

数の力や職位などによって物事が決まるのではなく、誰もが真に納得できる結論を得るにはどうしたらよいのでしょうか？

あらゆるステークホルダーの意見が真に反映されるシステムとしてはどのようなものが考えられるのでしょうか？

本書でご紹介したホールシステム・アプローチについての10のポイントと4つの手法、およびホールシステム・アプローチを活用した組織変革プロセスは、こうした課題を解決するための1つの方向性を示しているのだと考えます。

私たちは、これまで主として企業やまちづくりの現場で、ホールシステム・アプローチによる組織変革の企画と運営支援に携わってきました。これからも引き続きこの分野での活動は続けていきますが、この他にもさまざまな分野でホールシステム・アプローチの考え方と手法が活用できるのではないかと考えています。

ホールシステム・アプローチが広く行われるようになり、新しい時代にふさわしい民主主義のあり方が見直され、活力にあふれる個人と組織、そしてコミュニティが生み出されていくことを強く願っています。

最後になりましたが、『決めない会議』をポジィティブ・アプローチによる組織変革の本として再版することの意義にご賛同いただき、編集を担当してくださったビジネス社の唐津社長に心からお礼を申し上げます。この本が読者から受け入れられるとするならば、それは唐津社長からいただいた貴重なアドバイスの賜物だと思っています。

また、今回事例を提供していただいた岡本健さん、栗原聡さん、竹ノ内壮太郎さん、松本淳一郎さんにも心からの感謝を申し上げます。

2012年　夏

香取一昭
大川　恒

著者略歴

香取一昭 Katori Kazuaki

組織活性化コンサルタント。Mindechoe代表、ワールド・カフェ・コミュニティ・ジャパン（WCJ）会長、日本ファシリテーション協会（FAJ）フェロー、ASTDジャパン理事

1943年千葉県生まれ。県立千葉高校、東京大学経済学部を卒業後、1967年に日本電信電話公社（現在のNTT）に入社。米国ウィスコンシン大学経営大学院でMBA取得。NTTニューヨーク事務所調査役、NTT理事・仙台支店長などを歴任。NTTラーニングシステムズで常務取締役として営業教育プログラムの開発やeラーニング事業の立ち上げを行う。その後、NTTナビスペース社長、NTTメディアスコープ社長、NTT西日本（株）常勤監査役を歴任し、学習する組織の考え方に基づいた組織変革を推進。WCJやFAJなどでの活動を通じて、ワールド・カフェ、OST、フューチャーサーチなど一連のワークショップ手法の普及活動を展開している。著書に『ワールド・カフェをやろう』『ホールシステム・アプローチ』『eラーニング経営』『コミュニティ・マーケティングが企業を変える』『もう一つの日本人論』など、訳書に『ワールド・カフェ』『フューチャーサーチ』『ラーニング革命』などがあり、組織変革、人材開発、マーケティングなどの分野での講演や論文多数

E-Mail k.katori@gmail.com

大川　恒 Okawa Kou

組織変革コンサルタント。㈲HRT代表取締役　http：//www.infohrt.com/
ワールド・カフェ・コミュニティ・ジャパン（WCJ）副会長

1961年北海道生まれ。早稲田大学第一文学部卒業。シカゴ大学経営大学院でMBAを取得。国内独立系コンサルティングファーム、日系人材開発研修会社、米系人材開発機関で、企業理念の構築、組織変革に関するコンサルティング業務、さらには、リーダーシップスキル（ファシリテーション、チームビルディングなど）の研修実施とプログラム開発などさまざまな経験を積む。現在、ワークショップ、セミナーを組み込んだ以下のような共創型コンサルティングを展開している。

◇ダイアログ、ホールシステム・アプローチ（AI、OST、ワールド・カフェ、フューチャーサーチ）を使った組織開発コンサルティング
◇学習する組織構築のための組織変革コンサルティング
「ワールド・カフェ・ファシリテーター養成講座」

「オープンスペース・テクノロジー（OST）・ファシリテーター養成講座」

「ホールシステム・アプローチ体験ワークショップ」

「AI、または、フューチャーサーチによるビジョン構築ワークショップ」

「U理論とダイアログセミナー」

「学習する組織構築のための組織変革セミナー」

「セルフマスタリー（自己探求）ワークショップ」

著書に『ワールド・カフェをやろう』『ホールシステム・アプローチ』などがある。

E-Mail mail@infohrt.com

俊敏な組織をつくる10のステップ

2012年9月10日　　1刷発行

著　者　香取一昭　大川 恒

発行者　唐津 隆

発行所　株式会社ビジネス社
〒162－0805　東京都新宿区矢来町114 神楽坂高橋ビル5階
電話　03（5227）1602(代表)　FAX　03（5227）1603
http://www.business-sha.co.jp

〈印刷・製本〉中央精版印刷株式会社
〈装丁〉斉藤よしのぶ
〈本文DTP〉茂呂田剛（エムアンドケイ）
〈編集担当〉本田朋子〈営業担当〉山口健志

ISBN978-4-8284-1677-9